ま え が き

　これからの時代に求められる教育の実現に向け、平成29年3月31日に小・中学校の学習指導要領が、平成30年3月30日に高等学校の学習指導要領が、それぞれ改訂されました。

　今回の改訂は、平成28年12月の中央教育審議会答申を踏まえ、将来の変化を予測することが困難な未来社会を担う子供たちが、社会の変化に受け身で対処するのではなく、その可能性を最大限に発揮し、よりよい社会と幸福な人生を自ら創り出すために必要な資質・能力を確実に育成することを目指して行われたものです。

　特別活動は、昭和33年に教育課程に位置付けられて以来、共生社会の担い手として欠かせない資質・能力である自治的能力や人間関係形成力などを育成してきました。そして、子供たちによる自発的、自治的な活動は、学級や学校におけるよりよい生活や人間関係をつくるとともに、お互いを尊重し、認め合う支持的な風土を醸成し、学力向上にも役立ってきました。また、いじめの未然防止等にもつながると考えられています。

　今回の学習指導要領の改訂により、特別活動は「キャリア教育の要」であることや「学級活動における自発的、自治的な活動が学級経営の充実に資する」ことが明確に示されました。そこで、国立教育政策研究所教育課程研究センターでは、平成30年12月に「特別活動指導資料　みんなで、よりよい学級・学校生活をつくる特別活動　小学校編」を刊行し、令和4年4月には、「小学校特別活動映像資料　学級活動編」を作成するなど、小学校における特別活動の指導の改善・充実に向けた取組を行ってきたところです。

　今回、学習指導要領に対応した特別活動の指導資料として、「特別活動　指導資料　学校文化を創る特別活動　中学校・高等学校編」を刊行することになりました。上記のような学習指導要領の考え方を踏まえ、今後の各学校での特別活動の取組の内容について、「Q＆A」や具体的な事例等を交えて解説するなど、学校で活用しやすい資料となるよう心がけて作成しています。

　各教育委員会及び各学校において、本書が積極的に活用され、特別活動の一層の充実が図られることを期待しています。

　最後に、本書の作成に当たり、多大な御協力をいただいた作成協力者をはじめ、御協力くださった方々に心から感謝の意を表します。

　令和5年3月

国立教育政策研究所教育課程研究センター長

大金　伸光

特別活動　指導資料

学校文化を創る　特別活動 中学校・高等学校編 目次

1 特別活動とは

2 学級活動・ホームルーム活動について

3 生徒会活動について

4 学校行事について

〈巻末資料〉

1 特別活動とは

ここでは学校文化を創る「特別活動」、学校運営と「特別活動」、キャリア教育の要としての「特別活動」など、7つのテーマに分け、「特別活動」の教育課程上の役割や教育的意義について示し解説します。

これら全てが「特別活動」

生徒会活動 と 学校行事 ある高校の例（一部）

4月	始業式 / 入学式 / 新入生歓迎会 / 健康診断
5月	開校記念式 / 避難訓練（年間複数回開催） / 遠足
6月	生徒総会
7月	球技大会
8月	学校公開オープンスクール
9月	音楽祭
10月	文化祭 / 体育祭
11月	職場体験活動・就業体験活動 / 地域美化活動
12月	芸術鑑賞会
1月	
2月	薬物乱用防止教室
3月	三年生を送る会 / 修了式 / 卒業式

- 厳粛な気分を味わう 儀式的行事
- 見聞を広め、集団生活の在り方を学ぶ 旅行・集団宿泊的行事
- 生徒会が計画・運営する 生徒会活動
- 文化や芸術に親しむ 文化的行事
- 心身の健康を考え、安全な生活をつくる 健康安全・体育的行事
- 勤労の尊さと、社会奉仕の精神を養う 勤労生産・奉仕的行事

特別活動の特質は大きく左の2つがあり、その成果を中央教育審議会答申（平成28年12月）では以下のように示している。

集団活動　実践的な活動

- 生徒が学校生活を送る上での基盤となる力や社会で生きて働く力を育む活動として機能してきた。
- 生活集団、学習集団として機能するための基盤が創られている。さらに、生徒指導の機能、ガイダンスの機能が、それらを強固なものにすることに寄与している。
- 集団への所属感、連帯感を育み、それが学級文化、学校文化の醸成へとつながっている。

特別活動は日本の学校教育特有のもので、他の国には見られない文化です。

特別活動は「2つの活動」と「学校行事」で構成されています。

学習指導要領では特別活動における視点を右の3つに整理しています。
　変化の激しいこれからの社会の中で生き抜いていく生徒だからこそ、この3つの視点を大事にしていきたいものです。

人間関係形成　社会参画　自己実現

学習指導要領における学級活動・ホームルーム活動、生徒会活動、学校行事の指導で留意すべきポイント

学級活動・ホームルーム活動
- 合意形成を主とする内容(1)「学級・ホームルームや学校における生活づくりへの参画」を重視する必要がある。
- 意思決定を主とする内容(3)「一人一人のキャリア形成と自己実現」は学校全体のキャリア教育の要の時間である。「キャリア・パスポート」の活用が有効である。

生徒による話合い活動や担任による指導が毎週確保できるようにしなければなりません。

❓ 教師主体の学級活動・ホームルーム活動になっていませんか。

生徒会活動
- 生徒が自発的、自治的な活動を実感できるような指導の工夫が求められる。
- ボランティア活動などを通じて、社会に参画する力の育成が求められている。
- 生徒会役員選挙など主権者教育の実践の場となる。

生徒会とは学校の全生徒をもって組織するものであり、一部の生徒会役員を指すものではありません。

❓ 生徒会の一員であることを全生徒が自覚できていますか。

学校行事
- 職場体験活動・就業体験活動やボランティア活動などの豊かな体験活動の充実が求められている。
- 内容(3)「健康安全・体育的行事」においては特に事件や事故、災害等から身を守ることが明示されている。

体験や学びがその場限りにならないよう振り返りの活動を大切にするとともに、生徒や教師の過度な負担にならないように配慮しなければなりません。

❓ 「活動あって学びなし」になっていませんか。

「問題の発見・確認」、「解決方法等の話合い」、「解決方法の決定」、「決めたことの実践」、「振り返り」
この活動のプロセスを生徒が実感できるような指導を大事にしていきましょう。
また、実践して終わりではなく、振り返りを次の活動や課題解決に生かすことが大切です。

1 学校文化を創る特別活動

　特別活動は生徒主体で、学校ごとに特色ある活動を実践することから、学校文化を創る教育活動になっている。そこで各学校においては、学校の教育目標、歴史や伝統、地域特性などを踏まえつつ、以下の点を常に意識して指導にあたることが重要である。

1 特別活動の2つの特質

◎集団活動（集団の中で学ぶ）

　特別活動は、学級活動・ホームルーム活動、生徒会活動、学校行事のいずれも集団活動であり、同学年や異学年の集団活動を通して、人間関係を形成する。そこで教師は生徒個々の成長と、集団の発達の両面を意識して指導助言する。

◎実践的な活動（なすことによって学ぶ）

　特別活動は、生徒が主体的に参加・参画する活動であり、自治的な活動や実践的な活動を通して「なすことによって学ぶ」という理念を体現する。そこで教師は生徒に任せて待つ姿勢で、かつ放任ではない関わりを通して指導助言する。

2 特別活動で育成を目指す資質・能力の3つの視点

◎人間関係形成

　特別活動は、多様な集団活動で人間関係を形成することで、コミュニケーション能力が向上するようにしたり、リーダーシップなどを学ぶことができるようにしたりする。そこで教師は、生徒相互が関係性を創ることや、集団の凝集性に着目しながら指導助言する。

◎社会参画

　特別活動は、学級・ホームルームや学校をよりよくしていくための活動、ボランティア活動などで実社会に関わる活動などを通して、集団や社会の形成者としての資質・能力を育む。そこで教師は生徒の自治的な能力が発揮されるように指導助言する。

◎自己実現

　特別活動は、生徒が集団の中で役割を担いながら個性を発揮し、相互に認め合うことなどを通して、自分らしい生き方につながるようにするとともに、自己有用感や自己肯定感を高める。そこで教師は個々の生徒に寄り添いながら、生徒が自信を持って生活できるように指導助言する。

【特別活動と学びのABCDEF】

　生徒の特別活動による学びは以下のように例示できる。このような生き生きとした学びを豊かにすることが教師の役割である。

● Learning by Accepting　受容することによって学ぶ

　特別活動では、学級活動・ホームルーム活動などで生徒が話し合って合意形成したり意思決定したりする場面がある。その際、他者の意見や考え、言葉、姿勢や態度を受容し、かけがえのない仲間として相互に尊重する機会が得られる。お互いの良さを認め合い、励まし合い、高め合うことで、生徒の自己有用感や自己肯定感、自尊感情の向上につながる教育活動となる。

● Learning to Be*　生きることを学ぶ

　特別活動では、キャリア教育の要として、自分の進路を考えたり、将来の夢やなりたい職業を語り合ったり、「キャリア・パスポート」に記述したりする場面がある。その際、自分の生き方を考え、自分と向き合う（自己内対話をする）ことができる。さらにはそれを他者と共有すること（他者と対話すること）で客観視することができる。いずれも自我同一性（アイデンティティ）の確立や自己実現に関わり、中学生、高校生の思春期の成長・発達にとって重要な営みである。

　　※「to Be」は直訳すると「在ることを」であるが、ユネスコ「21世紀教育国際委員会」報告書『学習：秘められた宝』（1997年）の訳「人間として生きることを学ぶ」を参考にし、在ることも含めて「生きることを学ぶ」とした。

● Learning by Caring　助け合いの中で学ぶ

　特別活動では、集団活動の中で生徒が協力して取り組む場面がある。その際、お互いの良さを認め合い、助け合いながら、集団の凝集性を高めていく。生徒会活動や学校行事では異学年の助け合い、学び合いもある。助け合いの中で学ぶことが自然になれば、人間関係形成を通して支持的風土が生まれる。依存と自立の関係に向き合い悩む中学生、高校生だからこそ、大切にする価値である。

●Learning by Doing　なすことによって学ぶ

特別活動では、自分たちで主体的に参画し種々の活動を運営していく場面がある。その際、生徒が実際にやってみて、経験を通して学ぶ。この学びの重要性への言及は今に始まったことではなく、J・デューイなど100年以上も前から唱えられている。したがって、生徒が主体的・能動的に学ぶ特別活動の特長を表す象徴的な言葉とも言え、特別活動以外でも体験学習などの教育実践では必ず聞く言葉である。

●Learning with Enjoying　楽しんで学ぶ

特別活動では、生徒が集団の中で他者と一緒に活動する場面がある。その際、一緒に活動した仲間と連帯感や達成感、成就感、所属感を味わうことができる。まさに特別活動は「感」の教育活動であり、生徒が活躍する姿に、生徒だけでなく保護者や教師が感動することもある。なお、この場合の「楽しむ」は、見た目が楽しいものだけではなく、難しそうなものであっても、知的好奇心が喚起されるものや、心がわくわくするような活動も含まれる。

●Learning for Future　未来のための学習

特別活動では、生徒がボランティア活動などの社会貢献に関わる活動や、自分たちの学校生活をよりよくしていくための生徒会活動などを通して社会参画する場面がある。その際、自分たちが所属する集団や学校、社会のあるべき姿を考え、解決策を考え、実行する。生徒が社会性や問題解決能力など、未来の社会に向かって生きていくために必要な資質・能力を養うことができる。

3 学校運営と特別活動

　学習指導要領において、各学校が教育活動を進めるにあたって求められているのは、生徒に「生きる力」を育むことである。学習指導要領（平成29年・30年告示）の根拠となった『幼稚園、小学校、中学校、高等学校及び特別支援学校の学習指導要領等の改善及び必要な方策等について（答申）』（平成28年12月21日）には、「子供たち一人一人が、予測できない変化に受け身で対処するのではなく、主体的に向き合って関わり合い、その過程を通して、自らの可能性を発揮し、よりよい社会と幸福な人生の創り手となっていけるようにすることが重要である。」と示されている。

　管理職が学校経営計画を策定する際には、教育課程のどの場面において、生きる力や育成すべき資質・能力を育むことにつなげるかをマネジメントする必要がある。特に、本資料の標題にもあるように、学校文化を創り上げる上で特別活動の果たす役割はとても大きいものがある。学校運営の観点から、自校生徒の課題を明確にした上で、中学校や高等学校のそれぞれの発達段階に応じた特別活動の充実に努めなければならない。

1 九州地方のある中学校の指導事例

【生徒会長の熱い思い「再出発」】

　次に挙げるのは、全国一斉臨時休業という予期せぬ「壁」に向き合いながら、自分たちが目指す学校の実現に向けた「再出発」の決意を語った、ある中学校の生徒会長の様子である。

　新型コロナウイルス感染症対策で、突然の国からの一斉臨時休業要請（翌日に急遽市内一斉臨時休業決定）。その対応にバタバタと追われる中、1・2年生全員での卒業式出席が叶わないことを知った生徒会長が、校長室にやってきた。3年生にこれまでの感謝の思いを伝えるために、一生懸命に皆で合唱に取り組んできたので、グラウンドから教室にいる3年生に歌声を届けさせてほしいという訴えだった。全員で思いを伝えることができるのは今日しかない、「お願いします」と訴えるその瞳はキラキラと輝いていた。もちろん即OKを出し、後輩たちはグラウンドに整列し、生徒会長が大きな声で教室にいる3年生に声をかけ、3年生は全員ベランダに出た（この時だけ特別に許可）。あふれる涙を必死にこらえながら感謝の思いを伝える後輩たち、その姿を上から嬉しさと切なさでいっぱいの表情で見つめる3年生。歌声は校舎のはるか高くまで届く素晴らしいものだった。その後の全校で響かせた全力校歌は最高に心震えるものとなり、見守る教師たちは皆涙が止まらなかった。まさに行事や諸活動に熱く燃え、絆づくりにとことんこだわってきた仲間たちだからこそ創り出せた瞬間である。

　3年生に対してなぜこれほどまでの思いを込めることができたのかというと、やはり背中で語り教えてきた先輩としての姿があったからである。生徒会活動におけるリーダーシップはもちろんのこと、後輩たちは3年生の教室を何度も訪れ、日々の短学活における班会議の様子から「班を基盤とした一人も取りこぼさない絆づくり」とはどういうものなのかを学び、圧倒的な存在感の「絆合唱」で、「歌声づくりは絆づくり」であることを教えてもらってきた。

　これらの熱い心が込められたバトンを受け継いだのが生徒総会。「『日本一熱く、絆強き学校』に絶対になる」という決意を固めて生徒総会に臨んだ新執行部。その議案書に各学年の熱い思いを込め、議論を重ねて臨んだ全校生徒。最初の二本柱の提案から、さっそく熱い議論となった。仕掛けたのは3年生。その後も込められた思いを浮き上がらせるための質問が続き、質疑応答を繰り返す中で、一番大切な「何のためになぜやるのか」が結果として全校生徒に分かるように導き出された。後輩に自分たちは何を残すのか、どんな思いを込めたバトンを渡すのか、3年生の熱い思いと姿が後輩たちの心を震えさせた。こんな背中を見せてきた先輩だったからこそ、後輩たちは何としても

感謝の思いを伝えたかったのである。

　そして、この翌日から臨時休業となり、学校から生徒の声が消えた。新年度は順調にスタートしたかに思えたが、5月には再び臨時休業となり、悲しく、寂しい、体調・安全確認の電話連絡、家庭訪問を繰り返す日々が続いた。次の生徒会長の言葉は、待ちに待った学校再開に際し、改めて目指す道の実現に向けた「再出発」への思いを綴ったものである。

前期生徒会　新聞　新歩 New Walk　2020年5月27日　特別号　生徒会執行部

～再出発～

☆力強く「日本一熱く、絆強き学校!」へ挑戦!!

今週で5月も終わり。来週から6月に入ります。
　6月は、これからの一中をつくりあげていくうえでの大きな、大きな、ターニングポイントになります。
　「再出発」という言葉についての僕の意見を書かせていただきます。「再出発」はとても難しいことだと思っています。なぜなら、長距離や勉強と一緒で、1度止まったり、休憩してからもう一度始める時苦しく感じることと同じだと思うからです。それも、大きな目標であったり、全力でやってきたものになればなるほど再出発時に必要なエネルギーは大きくなっていくものだと思います。
　ではここで質問です。一中の最終目標は何でしたか?そうです。「日本一熱く、絆強き学校」です。ではこれはどのような目標ですか?どう考えても大きな目標ですよね。先程も言った通り、大きな目標になればなるほど膨大なエネルギーが必要になります。確実に言えることは僕一人の力では必要なエネルギーを満たすことができない。ということ。この大きな目標に向けては、「再出発」することも、してから向かうことにも236人全員の力が必要です。
　6月はターニングポイントです。完璧な「再出発」をしましょう!一気に馬区け上がりましょう!空間では密を避けますが大きな目標に向けて、「超」密な時間を過ごしていきましょう!!

この中学校では、管理職のリーダーシップの下、特別活動に関する指導方針を以下のように示している。

【特別活動を通して育む絆】
　生徒一人一人が成長し、互いの絆をさらに深め、よりよい集団をつくるには、学校行事は欠かせない。生徒たちは「日本一熱い体育祭」「日本一強い絆でつながる文化祭」を目指し、「本気のぶつかり合い」を重ねながら、自分自身や集団の殻を破っていく。その過程には、多くの涙や感動とともに、築いたつもりの絆のもろさを何度も感じる「壁」が存在する。その「壁」に気付かせ、向き合い、乗り越えることに挑んでいく。なかなか自分を出せない生徒や、背を向ける生徒も当然いる中、絆づくりの経験が浅い教師たちは苦悩する。しかし、悩み迷いながらも先輩教師からの厳しくも温かい支援や叱咤激励を受け、生活ノート[1]・班ノートや学級通信を駆使し、どんな生徒の中にも必ず存在する「もう一人のこうありたい自分」との闘いを呼び起こすことに挑んでいく。「壁」を乗り越えた生徒たちが、手と心をつなぎ、涙を流しながら歌う姿を目の当たりにしたとき、教師集団は絆づくりの持つ力のすごさを実感する。生徒たちも、この熱い空間に自分がいることに誇りと自信、居心地の良さを感じていくのである。

※1　「生活ノート」とは、生徒と学級担任が共有するものである。これとは別に「班ノート」とは、生活班の生徒と学級担任が共有するものである。

【班を基盤とした「朝の会」「帰りの会」は「学級を育て鍛える場」】
　われわれ教師が連続的に毎日行うことができる「朝の会」「帰りの会」は、「学級を育て鍛える場」である。絆強き学級集団をつくるとき、班づくりがそれを支える。絆強き班をつくるとき、班会議はその基盤となる。年間約100時間、この生徒たちとの１年間の熱い物語をイメージして、日々班会議で仲間と額と心を合わせて１日を振り返り、思いを出し合い、指摘し合い、分かり合う時間をねばり強く積み重ねていく。その積み重ねが信じられないくらい大きな力になる。だからこそ、「朝の会」「帰りの会」をきちんと学級経営に位置付けることが重要である。そして、学級通信や生活ノート・班ノート、学級掲示物を「朝の会」「帰りの会」に絡ませていくことも大切である。これらを通して生徒の思いと学級担任の思いをつなぐ。仲間同士の思いをつなぐ。そうすることで教師が語ったこと、伝えたいことを心に深くしみこませることができる。こうした学級を育む「朝の会」「帰りの会」を積み重ねていくごとに、学級通信や学級掲示物は「わが学級の歴史」となっていくのである。
　われわれ教師が、教師という仕事を通して生徒たちに教え伝えたいことを、一番深く伝え感じさせることができるのが「朝の会」「帰りの会」であり、行事の取組の中での旬を逃さない「語り」である。その積み重ねの中で、生徒たちは、「○○先生」の姿（生き方）を通して、職業観や人生観を築いていく大切なヒントを見いだしていく。「朝の会」「帰りの会」という毎日の短い時間の積み重ねの中に、われわれ教師の本質的な役割が詰まっているのである。
　だからこそ、「朝の会、帰りの会公開研修」のように互いに学び合い、教師の力量を磨き合い、「朝の会」「帰りの会」の質を高めていくことで、特別活動全体の質を高め、学校全体の絆づくりの質を高めていくことにつなげることが重要である。

　これらの指導方針をこの中学校の全教職員が共通理解し、日々こつこつと実践を積み重ねていったことが、生徒たちの姿となって表れた事例といえる。

2 北海道のある高等学校の指導事例

【生徒会長の成長の軌跡】

　この学校では、新型コロナウイルス感染症拡大の影響を受けて、令和２年度の学校行事の多くが延期や中止になり、令和３年度に入っても教育活動の大幅な制限の中で学校行事の縮小や延期が相次いだ。その時の生徒会長は、感染症対策を優先する教師側とできるだけ例年通りの学校祭を実現させたい生徒側との間に立っていた。まず生徒会長は、他の生徒会執行部と一緒に、改めて学校祭の意義はどこにあるのか、そして今まで引き継がれてきた学校祭の伝統とは何かを再確認することにした。全員で学習指導要領や学校祭の過去資料を熟読し、学校行事の意義、そして学校祭の在り方について理解を深めた。その結果、以下の内容を学校祭の意義、目的とした。

・ 成功の喜びや感動、達成感をみんなで共有できるようにするため、生徒一人一人が主役となれる学校祭にする。
・ 生徒相互の結びつき、生徒と教師との結びつきを深める。
・ 創造的な文化、日々の諸活動の発表の場とする。
・ 生徒と地域の方々との交流の場やアピールの機会とする。
・ 学校祭でしか得られない力を養う。

　生徒会が中心となった企画により学校祭準備が順調に進むかに思われた時に、代議員会での大激論は起こった。生徒会執行部案は、感染症対策と両立させるために学校祭の伝統的プログラムであるホームルーム企画を３年生限定にしたからである。だが、２年生の有志が署名活動をし、２年生でもホームルーム企画をしたいという要望が出された。そこで生徒会の議決機関である代議員会での話合いで結論を出すことにした。まず、昼休みに行われた代議員会では、「学校祭がなくなっては元も子もない」「感染症対策のためには致し方ない」という意見と「３年生だけ楽しむというのはどうなのか」「伝統が引き継がれていかない」という意見がまとまらず、代議員会は放課後に再開することとなった。放課後に再開したものの激論は続き、最終的に「執行部が検討した案を信頼すべき」という結論に至った時には18時を過ぎていた。執行部からの説明のみで、形式的に行われがちであった代議員会もこの日は大激論になった。結果的にいわゆる教師主体のホームルーム活動や生徒会活動から脱却し、ホームルームや代議員会での議論を通して多くの生徒が生徒会の一員であることを自覚する機会となった。

　最後までその実施さえ危ぶまれた７月の学校祭は、生徒会執行部の奮闘もあり、何とか無事に終了することができた。

　多くの生徒が実施できた喜びを感じている中で、生徒会長は次のような心境を率直に表現した。
　「4月の代議員会は、大変な激論でした。あれだけの熱意で意見を出した2年生の有志、そして代議員のみなさんには感謝しています。ただ私は未だに悔しいというかなんというか、やりきったことは間違いないのですが、何かモヤモヤします。そもそもが『やれるだけありがたい』という状況なのは理解しているつもりですが、全員が何の不安もなく制限もなく、本当の意味で楽しめる、みんなが輝ける学校祭を創りたかった。全学年にホームルーム企画をしたかったし、体育館で盛り上がらないでくれなんてもちろん言いたくなかった。これが本音です。だからずっとモヤモヤしているし、この悔しさは一生忘れられないと思います。」さらに、新生徒会役員認証式での前生徒会長退任の挨拶では、次のように語った。
　「先生方は、コロナを理由に私たちから言わせると簡単に学校行事を次から次へと縮小や中止にしていきました。学校祭や体育祭、1つ1つの行事が私たち生徒にとってはかけがえのないものです。先生方にとっては毎年の恒例行事であったとしても、生徒にとっては一度しかない高校1年であり、高校2年であり、そして高校3年です。そのことを先生方は十分に理解してくれているのでしょうか。勉強だけでなく、学校行事を通して得る仲間との交流や達成感なども含めて『高校生』『高校生活』と言えるのではないでしょうか。もっと私たちの声を聞いて欲しかったです。」口調は丁寧だったものの教師に対して正々堂々と意見している姿を見るにつけ、生徒会長の覚悟のようなものが感じられた。学校としても苦渋の決断だったはずが……生徒の真の声を聞くと、学校行事に対する思いに違いがあったのではないか、と改めて考えさせられた。
　それから半年が過ぎ、生徒会長が卒業する際の生徒会誌には、前生徒会長として次のようなメッセージが掲載された。

「僕は生徒会が嫌いです」

第○○期生徒会長　○○○○

逆にみなさんにお聞きしたい。あなたは生徒会と聞いて何を思い浮かべますか？

真面目、賢そう、先生の下請け、何をしているかわからない、何もしていないのではないか、興味なし…こんな感じでしょうか。僕もそう思っていましたし、今でも生徒会のイメージといえばこうなるだろうというのは予測できます。漫画やアニメの描写にある「いわゆる生徒会」。作文の題名は、このイメージが「嫌い」だと言いたかったわけです。このイメージをぶち壊すべく、「会長らしくない会長」を目指してやってきました。選挙演説で購買にアイスを置くという公約を出したのも、スキー大会の挨拶で「やってられない」と言って校長先生に苦笑いされたのも、退任の挨拶であんな大口をたたいたのも、「会長らしくない会長」を目指したからです。でもそのおかげか、あるいは行事の中止や縮小の影響か、生徒会に対して興味を持ってくれた方は多かったのではないかと思っています。興味を持ち、たくさん意見をもらえることが生徒会、そして学校をよくする一番の方法です。本気でやれば校則だって変えられます。そんな生徒が意思表示することが大切です。そんなきっかけになったのではないかと思います。

ただ、今年は学校祭の運営に労力を注ぎざるを得ず、日常生活の改善が疎かになってしまいました。これは今年の反省点です。

最後に、あの退任の挨拶について。とんでもない反響でした。自分が感じていたこととみんなが感じていたことが同じだったというのがまずはうれしかったです。そこがはっきりとしたということは、間違いなく○○高校が変わっていくきっかけの日になったと思います。本当の意味で生徒、先生方全てが協力し、母校として誇らしい○○高校になることを心から願っています。本当にありがとうございました！未来は明るいぞ！

20×20

15

集団生活を送る上では様々な問題が生じる。その中には集団全体で合意形成するだけでは解決できない問題があることを理解しなければならない。また、高校生の発達に応じた合意形成には以下のような留意点がある。

・課題に対して、一人一人が自分の意見や意思をもった上で、合意形成に向けた話合いに臨むようにすること。

・合意形成に基づき実践するに当たって、自分自身に何ができるか、何をすべきかということを主体的に考えて、意思を持つこと。

幸いにも卒業を目前に控えた生徒会長の心には、さらに変化が見られた。生徒会長としてのモヤモヤ感から怒り、そして最終的には「本当の意味で生徒、先生方全てが連携し、母校として誇らしい学校を創って欲しい。未来は明るいぞ！！」という前向きなメッセージと感謝を伝えている。生徒会長は自身のその活動を通して、生徒だけではなく、教師との関係も俯瞰的な視点から考えるなど、個人の成長へとつなげることができたのだ。

生徒会長のメッセージは、確実に後輩たちに受け継がれた。生徒会長が反省点として挙げた日常生活の改善である。生徒会から「教科書・教具等について、全てを持ち帰るのは大変であり、安全上からも不必要なものは置いていってもいいというルールに変えて欲しい（いわゆる「置き勉」を

認めて欲しい）」という要望が学校に出された。2月から5月末の生徒総会までに生徒同士が、生徒と教師が、さらには保護者まで話合いに参加し、何度も議論が重ねられた。その中で、担当教師から、全校生徒の総意としての「置き勉」の考え方をまとめてみようという宿題が出された。その回答として5月下旬の生徒総会では、次のような決議文が全会一致で採択された。

決議文

1　○○生は、日々の家庭学習のため必要な勉強道具や、長期休業中及び高校入試等指定された期間は、全ての勉強道具を持ち帰ります。

2　○○生は、各自割り当てられたロッカー内にのみ教科書・教具を置き、私物・ジャージ・貴重品を置いていかず、他の生徒のロッカーから持ち出しません。

3　○○生は、清潔かつ整理整頓された置き方を維持するため、環境委員会で点検・管理をします。

4　○○生は、必ずカバンを持って登校し、保護者宛の連絡文書等を持ち帰ります。

5　○○生は、この4つに違反した時に、ロッカーを撤去し、これまで通り全ての勉強道具を持ち帰るルールに戻すことを了承します。

自分たちの要望が実現するためには、どうすればよいのか。自治的な活動も含め、苦労の跡がよく分かる決議文になっている。こうしてこの学校では「置き剱」が可能となったのである。

　まさに、一連の動きは「活動あって学びなし」に陥ることなく、活動からの学びを通して個人の成長（「自己の生活、人間関係の課題を見いだし、解決するために話し合い、意思決定できる」「自主的、実践的な集団活動を通して身に付けたことを生かして、人間としての在り方生き方についての自覚を深め、自己実現を図ろうとすることができる」）が集団への成長（「集団、人間関係の課題を見いだし、解決するために話し合い、合意形成できる」「自主的、実践的な集団活動を通して身に付けたことを生かして、主体的に集団や社会に参画し、生活及び人間関係をよりよく形成することができる」）へとつながり、しっかりとした振り返りから次の新しい活動を産み出すという好事例といえる。

　学習指導要領では、特別活動における視点を「人間関係形成」「自己実現」「社会参画」の３つの視点で整理している。特別活動における成功体験（満足感）も失敗体験（モヤモヤ感）も生徒一人一人のキャリア発達を促すものであり、人生の大きな糧になることは間違いない。加えて、成人年齢の引き下げにより、「社会参画」という視点からも、ますます特別活動の意義は増している。

　特別活動は、「生徒が主役となる学校づくりの柱」である。学級活動・ホームルーム活動を中心として、生徒会活動や学校行事との関連を大切にすることにより、前述したような体験を通して、以下のような様々な態度や能力を身に付け、学校文化の創造につなげていくことが必要である。

・共通の体験を通して、集団への所属感や連帯感を深める。
・それぞれの役割体験を通して、自他の存在感、社会的役割とキャリア発達を自覚し、責任感を身に付ける。
・適切な競い合いや切磋琢磨する体験を通して、達成感と意欲を高め、向上心を身に付けるとともに、将来にわたり困難を克服しようとする態度を身に付ける。
・リーダー・フォロワー体験を通して、リーダーとしての責任やフォロワーとしての役割を自覚し、よさや可能性を生かす集団をつくる。
・様々な話合い活動の体験を通して、自他を理解するとともに、民主的な問題解決方法について考え、表現力を身に付け、実践力を磨く。

3 教育課程の編成

　自校の教育目標の達成を目指した教育課程の編成には、各教科・科目、「特別の教科　道徳」（以下、道徳科）・総合的な学習（探究）の時間・特別活動の相互の関連を重視することが大切である。また、小学校を含め前年度までに身に付けた資質・能力をさらに伸長させる視点が求められる。

　例えば、国語科で身に付けた「話すこと」に関する資質・能力は、学級やホームルームで生徒が直面する様々な問題の解決のために行われる学級活動及びホームルーム活動の「話合い」で生かされる。道徳科で養った道徳性は、特別活動の諸活動や学校行事の活動の中で深められたり、現実の課題解決の中で育成されたりしていく。また、総合的な学習（探究）の時間で課題を見つけ、主体的に判断し、よりよく解決しようとする資質・能力は、生徒会活動の諸問題の解決にも生かされていく。

　特別活動で生徒が身に付けた自主的、実践的態度や自己を生かす能力は、各教科・科目、道徳科、総合的な学習（探究）の時間における学習基盤を整え、学習効果をさらに高めることにつながる。各活動や学校行事で育まれた生徒同士の人間関係は、学級及びホームルームづくりの基礎であるとともに、各学習活動全体の充実に寄与する。

4 指導方法の工夫

　自治的な能力を育むことがこれまで以上に求められ、キャリア教育を学校教育全体で進めていく中で特別活動が果たす役割の期待の大きさを考えると、「人間関係形成」「社会参画」「自己実現」の3つのキーワードを常に意識して、特別活動の指導方法をさらに工夫していくことが重要となる。

　例えば体育祭の取組では、毎日の練習終了後、生徒会執行部を中心とした実行委員会で、生徒が主体となって1日のまとめと振り返りを行い、翌日の課題を出し合い、その解決方法や役割分担を自分たちで考える。その内容を生徒会新聞として発行し、朝の短学活で実行委員が学級の仲間に思いを込めて伝える。帰りの短学活で1日を振り返り、実行委員会に反映していく。教師は安易な指示をするのではなく、生徒同士の真剣な話合いに寄り添う。どのタイミングで生徒の価値観にゆさぶりをかけるのか。教師はどこで「でて」、「でない」のか。この見極めが重要である。リーダーの生徒に対する事前指導や話合いの経過をじっくり見守ることに多少の時間はかかるものの、この過程を通して、生徒は自他の理解を深め、主体的・民主的な問題解決方法を身に付けていくことができる。また、体育祭終了後にどのように振り返りを行うかも大切な視点となる。自己の成長を実感でき、「こうありたい姿」の現在地と自己有用感を味わうことができる振り返りの工夫が求められる。

5 学級経営・ホームルーム経営の充実

　学級活動・ホームルーム活動における自治的な活動は、よりよい学級・ホームルームや学校の生活を築き、学校文化を創造するため、集団の生活上の問題を発見したり、解決方法を話し合って集団として合意形成したり、話合いで決まったことを協力して実践したりする活動である。学級・ホームルームでの合意形成をするための話合い活動は、学級活動・ホームルーム活動や生徒会活動の中心となる活動であるが、特に中学校や高等学校においては、学校行事を充実させるために学級・ホームルームにおける提案や取組の在り方などを話し合い、合意形成を行う上でも重要な機能を担っている。これらの話合い活動は、学級・ホームルームや学校をよりよいものにしようとする生徒の意欲喚起や人間関係形成、社会参画につながるものである。

　「学級経営・ホームルーム経営の充実」が中学校及び高等学校学習指導要領（平成29・30年告示）の第1章総則及び第5章特別活動において新たに示された。これは、学校での学習や生活において、その基盤となる学級・ホームルームとしての集団の役割の重要性が、生徒の今日的な様々な

状況から一層認識されてきたためであり、このような視点から、「学級活動・ホームルーム活動における生徒の自治的な活動」を中心として、学級経営・ホームルーム経営の充実が求められるのである。

　学級活動・ホームルーム活動の指導において、生徒会活動や学校行事とも関連付けながら、生徒相互の人間関係及び教師と生徒の信頼関係を構築し、個々の生徒のキャリア形成・進路指導の実践、道徳性、社会性の涵養などに加え、学校文化の創造を図ることが期待される。

6　生徒指導の充実

　生徒指導とは、個々の生徒が社会的自己実現を図るために必要な自己指導能力の育成を目指すものである。

　特別活動は、生徒指導の機能を教育活動の中で実践する重要な領域と言える。また、生徒指導が機能することにより、特別活動の内容であるキャリア教育（進路指導）等もさらに充実すると言える。

　生徒は、学級活動・ホームルーム活動や生徒会活動において、学級・ホームルームや生徒会の一員としてそれぞれを尊重し合いながら共感的な人間関係を育て、意見を出し合いながら自己有用感や自己存在感を高めつつ、集団としての決定や自己決定をする。学校行事では自分らしさを発揮し、それぞれの役割を果たしながら人間関係を深め、協力し合いながら目標の達成に向けて努力する。これらの体験を通して、生徒は人間としての在り方生き方の自覚を深め、集団や社会の中での自己の生かし方を学んでいく。

　特別活動を充実することにより、生徒指導の３つの機能（自己存在感、共感的人間関係、自己決定）が高まるとともに、生徒の社会的な実践力を磨いていくこととなる。

生徒の主体的な活動を促進する学習評価

特別活動の学習評価には、大きく2つの目的がある。1つ目は、自主的・実践的活動を通した生徒の成長を教師が積極的に認め、適切にフィードバックしていくことで、生徒が活動の意義を実感するとともに新たな目標を設定し、自分自身の力で学習を発展できるようにすることである。2つ目は、カリキュラム・マネジメント（PDCAサイクル）の一環として教師の指導のプロセスや方法、特にそれが生徒の主体性を促進するものになっているかどうかを見直し、改善に活かしていくことである。これらの目的を達成するためには、教師や関係者が協働して、明確な指標と根拠資料に基づいて生徒の活動を見取っていく必要がある。

1 観点と規準の重点化・具体化

特別活動の評価で避けなければならないのは、実践的活動であるがゆえに、アウトカム（どのような力がついたか）よりもアウトプット（何を行ったか）を評価してしまうことである。アウトカム評価を実現するには、特別活動を通して育てたい力の具体的な評価規準を設定することが求められる。

平成29年及び平成30年に改訂された学習指導要領において、教科等で育成を目指す資質・能力が「知識及び技能」「思考力、判断力、表現力等」「学びに向かう力、人間性等」の3本柱で整理されたことを受け、観点別学習状況の評価は従来の4観点から「知識・技能」「思考・判断・表現」「主体的に学習に取り組む態度」の3観点に改められた。図1は、学級活動（1）の「思考・判断・表現」を例に、観点別学習状況の評価のステップを示したものである。

特別活動の場合、この3観点を軸としつつ、各学校が具体的な評価の観点及びその趣旨を定めることになっている。その際に、自校の実態をふまえて焦点化することがポイントである（ステップ1）。「人間関係形成」「社会参画」「自己実現」を視点とする特別活動で育成すべき力は、全人的であり広範囲にわたる。限られた時間と労力の中で、その全てを完全に評価することは容易ではない。『「指導と評価の一体化」のための学習評価に関する参考資料』（以下QRコード参照）にいくつか例が示されているが、教師の願いや生徒の思いを織り込みながら、重点化することが望ましい。

次に、3観点をふまえて、学級活動・ホームルーム活動は内容項目（1）、（2）、（3）ごとに、生徒会活動は1つのまとまりで、学校行事は種類（1）、（2）、（3）、（4）、（5）ごとを内容のまとまりとして、評価の準備を行うことになる。例えば内容のまとまりごとに目指す資質・能力を設定することも考えられる（ステップ2）。さらに、それに基づいて観点別の評価規準を作成する（ステップ3）。ここでも、対象となる活動や行事の特性をふまえて、規準を具体化する必要がある。抽象度の高い曖昧な表現では、実際に使える「ものさし」にならない。最後に、1単位時間の指導計画において、特定の状況における「目指す生徒の姿」を、規準に即して行動レベルで記述していく（ステップ4）。

なお、「学びに向かう力、人間性等」のうち、感性や思いやりなど観点別評価になじまない部分については、前年と比較して一人一人の進捗状況を把握する。「キャリア・パスポート」の活用は、こうした個人内評価のための有効な手段である。

2 協働を基盤とする評価体制の構築

特別活動は、対象となる活動が多岐にわたり、どの時期や場面で誰が評価するかの判断が難しい。全校または学年を単位として行う活動もあり、学級・ホームルームの担任以外の教師が指導することも多い。そのため、どのタイミングで誰が何を対象に評価を行い、その結果をどうやって共有するかをあらかじめ決めて、計画に盛り込んでおくことが望ましい。時期や対象の選定基準は一概に

ステップ1. 観点とその趣旨	・設定単位：特別活動全体／3つの観点・趣旨 ・例：観点「自己や集団の課題を解決するための思考・判断・表現」／趣旨「学級や学校の生活をより平和で民主的にしていくために、自分と異なる考えや立場にある他者を尊重し、互いのよさを生かして解決方法を主体的に創造している。」
ステップ2. 育てる資質・能力	・設定単位：各活動・学校行事（全学年共通） 例：平和で民主的な学級集団を自主的に創るために、自分と異なる考えや立場にある他者の意見を尊重して合意形成を図って協力し合って実践し、互いのよさに気付くことができる。
ステップ3. 評価規準	・設定単位：各活動・学校行事（全学年共通） ・例：自分と異なる考えや立場があることに気付き、違いを認めるとともに、多様な意見のよさを生かして、折り合いをつけている。
ステップ4. 各時間で目指す生徒の姿	・設定単位：各活動・学校行事の1単位時間 ・例：個人で考えてきた学級目標の共通点と相違点について、多角的な視点から発見し、口頭で発表したり、ワークシートに記入したりしている。

焦点化・重点化・具体化

図1　観点別学習状況の評価プロセス：学級活動（1）「思考・判断・表現」の例

 国立教育政策研究所教育課程研究センター『「指導と評価の一体化」のための学習評価に関する参考資料　中学校・特別活動』

 国立教育政策研究所教育課程研究センター『「指導と評価の一体化」のための学習評価に関する参考資料　高等学校・特別活動』

は言えないが、育成したい資質・能力を最も発揮してほしい場面や、根拠資料を残しやすい活動などに限定することも1つの方法であろう。図2では、生徒会活動について、評価対象を3つの活動に絞り込み、方法、時期、担当者を例示している。

対象とする活動	委員会活動	生徒総会 （事前・事後活動含む）	3年生を送る会 （事前・事後活動含む）
評価方法	各生徒の活動の観察、活動ノートの見取り	学級審議や代表者委員会の観察、活動記録の見取り	「キャリア・パスポート」の内容の見取り
評価時期	年度末	活動の終了直後	記入後
評価担当者	各委員会担当者	生徒会担当者・学級担任	学級担任

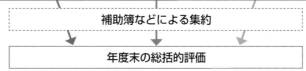

補助簿などによる集約

年度末の総括的評価

図2　生徒会活動における評価の対象・方法・時期・担当者（例）

　評価体制を実質的に機能させる上で有効なのが、「補助簿」の活用である。一人一人の生徒について、観点別にみた「目指す生徒の姿」の達成状況とその根拠を記録することで、様々な場面での評価を時間的・空間的につなぎ、一体として捉えることができる。また、委員会活動や学校行事などでは、学級・ホームルーム担任が指導を担当する他の教師から、生徒の様子をメモとしてもらっ

て補助簿に記入することで、異なる複数の視点からの評価を組み合わせることもできる。

　年度末の総括的評価では、蓄積された補助簿や評価記録の内容を評価規準に照らし合わせて検討し、相対的に「十分に満足できる活動の状況」と判断できる場合には、指導要録に○印を記入する。

❸ 多面的な根拠資料の活用

　日常生活と地続きである特別活動においては、態度面を主観的に評価してしまうことのないように留意しなければならない。評価の客観性を高めるためには、生徒のワークシート、教師による行動や発言の観察記録など、何らかの根拠資料を「目指す生徒の姿」に照らし合わせて、見取っていくことが不可欠である。丁寧な見取りは、指導の改善にも大きく貢献する。また相互評価（仲間からのコメント）や「キャリア・パスポート」などの自己評価（数値や記述）も、教師の主観を抑制し、生徒のよさを多面的かつ積極的に認めるための材料となる。ただし、これらは学習評価の「参考資料」であり、教師がその内容をどのように解釈していくかが重要である。

　相互評価や自己評価は、それ自体が学習活動でもあり、生徒が自己及び他者との対話によって、学習意欲やメタ認知能力（振り返り見通す力）を高める効果が期待できる。例えば、東海地方にある中学校では、「学級活動MYチャレンジカード」（図3）を活用した実践を行っている。このカードでは、生徒一人一人が係・委員会活動の目標を立て、月ごとに達成状況を自己評価及び相互評価する。身に付けた力を可視化するとともに、それを教科・科目、学級活動、異年齢交流活動のどのような場面で活かしていくか見通すことができる構造になっている。さらに友達からの応援メッセージは、意思決定したことを行動に移すための原動力にもなる。

❹ 主体性を高めるフィードバック

　評価は「値踏み」や「測定」ではなく、生徒と教師がともに成長していくためにある。教師による評価結果を生徒と共有することは、学級・ホームルーム生活や学校生活を創造する主体的な担い手を育てることにつながる。このフィードバックは、単元の終了時や年度末に行われる総括的評価に限定されない。活動を始める前に、生徒が自己や集団の課題を発見できるように、教師からみた実態が伝えられることもあれば（診断的評価）、活動の最中に改善に向けた試行錯誤を促すため、教師が収集した情報を提供することもある（形成的評価）。

　特に「キャリア・パスポート」は、特別活動を通した生徒の長期的な変化を見取り、本人に気付かせる貴重な機会であろう。蓄積された記録に対して、教師がコメントを記入したり、それに基づきキャリア・カウンセリング（気付きを促し行動や意識の変容につなげる働きかけ）を行ったりすることで、生徒が学習の意義や価値を実感できるようにしていきたい。

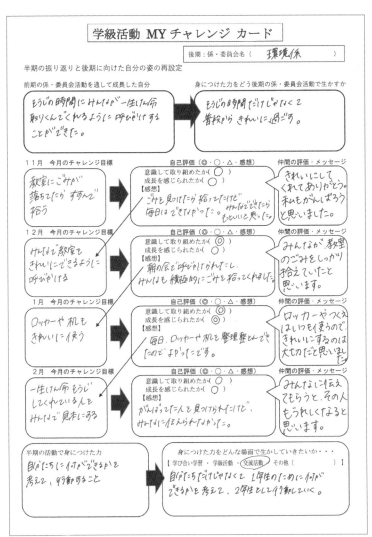

図3　東海地方にある中学校で活用している「学級活動MYチャレンジカード」

5 特別活動における検証改善サイクル

■1 カリキュラム・マネジメントの重要性

　学校において学習や活動を行うにあたっては、学習や活動目標と目標を実現するための計画を立案した上で、計画に基づいた実践が行われており、特別活動も例外ではない。実践にあたっては、教師一人一人が主体的に取り組むだけではなく、取組が学校教育活動全体で一貫した組織的な指導である必要があり、カリキュラム・マネジメントの観点が重要となる。

　カリキュラム・マネジメントとは、各学校において生徒や学校、地域の実態を適切に把握し、

① 教育の目的や目標の実現に必要な教育の内容等を教科等横断的な視点で組み立てていくこと

② 教育課程の実施状況を評価してその改善を図っていくこと

③ 教育課程の実施に必要な人的または物的な体制を確保するとともにその改善を図っていくこと

などを通して、教育課程に基づき組織的かつ計画的に各学校の教育活動の質の向上を図っていくことである（詳細は、文部科学省「平成29・30・31年改訂学習指導要領（本文、解説）改訂のポイント −カリキュラム・マネジメントについて−」を参照のこと）。これは学校全体の学習効果の最大化を図る考え方であり、学校教育改革の具体的方策として重要視されている。

　学習指導要領においても、カリキュラム・マネジメントの重要性は強調されている。「社会に開かれた教育課程」の理念に基づき、学校内だけでなく、地域や家庭とも連携しながら学校教育を改善し、充実させていくことが重要である。

■2 「Research（実態把握）」を出発点とした検証改善サイクル

　学習指導要領では、特別活動の全体目標のほかに、学級活動・ホームルーム活動、生徒会活動、学校行事のそれぞれの目標も明示している。各学校における全体計画や年間指導計画を立案する際には、この目標相互の関連を全体的に理解し、生徒だけでなく学校や地域の実態や課題も把握した上で、効果的なものにする必要がある。

　近年はこうした観点を積極的に取り入れ、図1のような「Research（実態把握）」を出発点とした検証改善サイクルが着目されている。

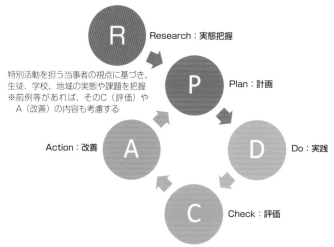

図1　「Research（実態把握）」を出発点とした検証改善サイクル

　長所や短所を言語化したり、アンケートを実施したり、対話を積極的に行うなどの方法によって生徒の状況を把握するとともに、以下のように学校、地域の実態や特色にも目を向け、それを教職

員全体で共通理解した上で、生徒、学校、地域の課題を意識した計画を立案することが期待される。
　同様の活動を実施した前例等があれば、その際の「Check（評価）」や「Action（改善）」の内容についても、「Research（実態把握）」に考慮することが望ましい。

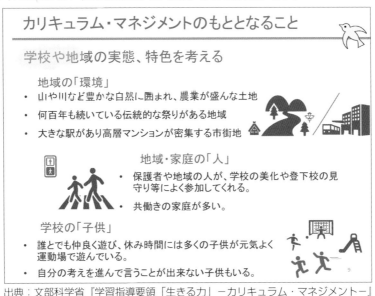

出典：文部科学省『学習指導要領「生きる力」－カリキュラム・マネジメント－』

３ 特別活動を充実させるための２つの検証改善サイクル

　特別活動を充実させるためには、教師による「各活動や行事等の検証改善サイクル」だけでなく、学校による「年間を通した教育課程の検証改善サイクル」を組織的に展開することが重要である。

①各活動や学校行事等の検証改善サイクル

　これは、教師による学級活動・ホームルーム活動、生徒会活動及び学校行事のひとまとまりの取組に関する検証改善サイクルである。

　学校行事を例に挙げれば、図２のようなサイクルとなる。

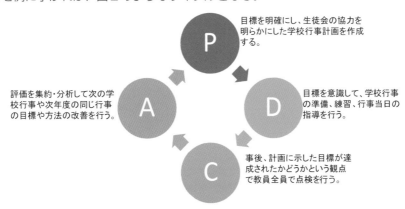

図２　各活動や学校行事等の検証改善サイクル（学校行事の例）

・学校行事の目標に即して、各行事の具体的な目標を設定し、行事計画を作成する（Ｐ）。
・事前準備や活動を行い、当日の学校行事を実施する（Ｄ）。
・事後の活動として、「学校行事カード」などを活用して、生徒の自己評価を含めた振り返りを行う。また、教師にも目標に準拠した点検アンケートを実施する。生徒の評価と教師のアン

ケートの集計に基づき、生徒が身に付けた資質・能力や態度、集団や人間関係の変化などについて分析を行い、目標の達成度を判断する（C）。
・前の行事の評価をもとに、次の行事の目標や手立ての改善を図る（A）。

②年間を通した教育課程の検証改善のサイクル

　教育課程として、特別活動の全体計画に従って１年間の学級活動・ホームルーム活動、生徒会活動、学校行事を実施するが、各活動と学校行事はそれぞれ密接に関連している。

　生徒会活動の内容の１つである「学校行事への協力」だけをとってみても、学級活動・ホームルーム活動として話し合う内容もあれば、生徒会活動として、生徒会役員会や各種委員会で話し合うこともある。つまり、学校行事がどのような計画で行われるかが、生徒の活動場面に大きな影響を与えるのである。

　そこで、図３のような「年間を通した教育課程の検証改善サイクル」が重要となる。これは、学校による特別活動の全体計画及び年間指導計画そのものに関する検証改善サイクルである。

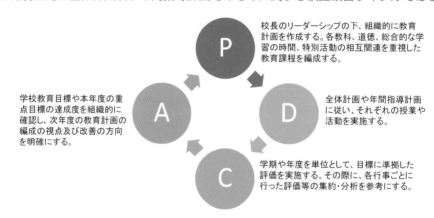

図３　年間を通した教育課程の検証改善サイクル

・教育計画の一環としての特別活動全体計画及び各活動と学校行事の年間指導計画を作成する（P）。
・年間指導計画に従い、各活動及び学校行事を実施する（D）。
・教育課程評価の一環として、特別活動の評価を行う。その際、「学校が示した目標の有効性」「各活動と学校行事それぞれの実施状況」「各活動及び学校行事相互の関連の在り方」「生徒の変容」「集団の変容」「学習評価」などについて、その成果と課題を明らかにする（C）。
・次年度の教育計画には、前の段階（C）の結果を十分に考慮し、改善を図る（A）。

　このように、教師や学校による検証改善サイクルをうまく機能させることにより、特別活動を充実させ、その目標の実現に努めることが望ましい。
　教師は「各活動や行事等の検証改善サイクル」を機能させることにより、活動や行事を単独のものと捉えることなく、自校の特別活動の目標を達成するために、各活動や行事をつながりのあるものと捉え、生徒の指導や援助を継続的に行うことが可能となる。また、学校は「年間を通した検証改善サイクル」を機能させることにより、前年度より工夫改善された全体計画や年間指導計画を作成することができ、実態に即した各活動や行事を実施することが可能となる。
　さらに、このような取組を毎年積み上げることにより、さらなる望ましい学級・学校文化が創造され、生徒の「上級生が残した文化を超えたい」といった新たな活動意欲を生み出すことにもつながることが期待できる。

4 検証改善サイクルを展開する上での留意点

　生徒、学校、地域の実態や課題を把握し、検証改善サイクルをいかに展開できるかによって、教育目標の達成の精度は変わる。

　効果的な検証改善サイクルとするポイントは、

　・生徒、学校、地域の実態や課題（同様の活動を実施した前例等があれば、その際の評価や改善点も含む）を把握すること

　・各活動や学校行事等を担う当事者として、ビジョンやイメージを描きながら計画を立案すること

　・これらを教職員全体で共通理解し、学校教育全体で一貫して組織的に取り組むこと

である。

　これらは結果として、特別活動における実のある検証改善サイクルのエンジンとなり、継続的に展開していくためのガソリンにもなる。

　図4のような"ありきたりで漠然とした「計画」⇒やらされている感の強い「実践」⇒あたりさわりのない表面的な「評価」⇒ほぼ前年踏襲の「改善」"といったサイクルに陥らないように、留意することが必要である。

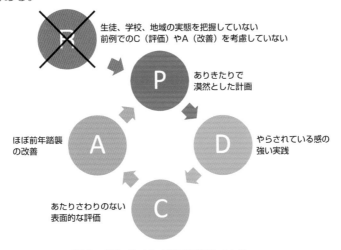

図4　陥りやすい検証改善サイクル

　そもそも教育という営みに、「Check（評価）」はなじみにくいと言われている。特に特別活動のように即時にその成果を可視化することが難しい場合には、その重要性を感じながらも敬遠されやすいかもしれない。

　しかし「Check（評価）」は、学校評価における自己評価や、学校関係者評価の一環としても大きな意義がある。組織の視点、指導計画の視点、連携の視点など、多面的な視点から適切に評価を行い、改善に生かすことが望ましい。

　ただし、検証改善サイクルの展開に目を向け過ぎることには留意が必要である。検証改善サイクルの一番の目的は各学校の教育目標の達成であり、教育の質の向上にある。すなわち検証改善サイクルは教育目標達成の１つの手段であり、決して検証改善サイクルの展開そのものを目的としないようにすべきである。

　また、「検証改善サイクルの展開＝新たな取組の追加」ではないことにも留意が必要である。効果的な検証改善サイクルを円滑に展開し、学校の様々な業務の優先順位付けや効率化を図ることにより、学校教育全体の充実につなげていくことが重要である。

6 キャリア教育の要としての特別活動

　小学校学習指導要領、中学校学習指導要領、高等学校学習指導要領はともに、総則において「児童（小）／生徒（中・高）が、学ぶことと自己の将来とのつながりを見通しながら、社会的・職業的自立に向けて必要な基盤となる資質・能力を身に付けていくことができるよう、特別活動を要としつつ各教科等（小・中）／各教科・科目等（高）の特質に応じて、キャリア教育の充実を図ること」と定めている。学校におけるキャリア教育は学校教育全体で行うという前提のもと、これからの学びや生き方を見通し、これまでの活動を振り返るなど、教育活動全体の取組をキャリア形成につなげていくための要として、特別活動を位置付けることとなったのである。特別活動を通して、各教科・科目等で学んだことを実生活で活用できるものとしていくことが求められている。

1 要となる特別活動

　学習指導要領では、学校教育全体で行うキャリア教育の要としての特別活動の役割を明示し、同時に、小学校、中学校、高等学校を通してキャリア教育に計画的、系統的に取り組んでいくことを明確にするため、小・中学校の学級活動、高等学校のホームルーム活動において「（3）一人一人のキャリア形成と自己実現」が新たに設けられた。このことは、学級活動・ホームルーム活動（3）の指導においては、キャリア教育の視点からの小・中・高等学校のつながりを前提としつつ、学校での教育活動全体や、家庭、地域での生活や様々な活動を含め、学習や生活の見通しを立て、学んだことを振り返りながら、新たな学習や生活への意欲につなげたり、将来の生き方を考えたりする活動を行うことが必要であることを示している。

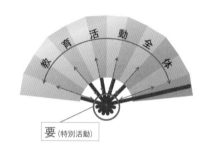

図1　キャリア教育の要のイメージ

2 要だけの扇子は機能しない

　現在、多くの中学校、高等学校においてキャリア教育の理念が浸透してきてはいるものの、これまで学校の教育活動全体で行うとする意図が十分に理解されず、指導場面が曖昧にされてしまう傾向があると指摘されてきた。この意味で、特別活動がキャリア教育の「要」となることが明示されたことの意義は大きい。

　しかしその一方で、「キャリア教育は主として学級活動・ホームルーム活動で行うものである」との誤解に陥ることは避けなくてはならない。学級活動・ホームルーム活動を軸としながら、各教科・科目における学習、総合的な学習（探究）の時間や学校行事、生徒会活動、個別指導としての教育相談の機会を生かしつつ、学校の教育活動全体を通じて社会的・職業的自立に必要な基盤となる資質・能力の育成を図っていく取組が重要になる。このような取組を進める中で、日々の授業においても、自己のキャリア形成の方向性と関連付けながら見通しをもったり振り返ったりする機会を設けるなど、主体的・対話的で深い学びの視点からの授業改善を進めることがキャリア教育の視点からも求められる。

　扇子にとっての「要」は、扇面と骨があってこそ、骨をとじ合わせるという必要不可欠な役割を担うのであり、要だけの扇子は存在しないし、仮に存在したとしても扇子としての機能は期待できないだろう。これと同様に、キャリア教育の「要」である特別活動、特に学級活動・ホームルーム活動（3）においては、教育活動全体を通じた計画的、系統的なキャリア教育の取組がなされていることを前提に、それらの見通しを立て、学んだことを振り返りながら、新たな学習や生活への意

欲につなげたり、将来の生き方を考えたりする活動を行うことが求められている。学級活動・ホームルーム活動のみに頼ってキャリア教育を実践しようとしても、それは本来の姿からはかけ離れざるを得ない。例えば、中学校においては「自分の生き方や社会との関わり方を支える読書の意義と効用について理解する」ための指導が必要な国語科、「学習内容と将来の職業の選択や生き方との関わり」についても扱うことが求められる技術・家庭科、「自己の生き方を考えていくための資質・能力」の育成を重視する総合的な学習の時間、「自己を見つめ」「人間としての生き方についての考えを深める学習」等を行う道徳科など、多くの教科・科目等を通じたキャリア教育の実践が考えられる。また、高等学校でも「特別活動などと連携し、自立した主体として社会に参画する力を育む中核的機能を担うこと」が求められる公共（公民科）はもちろん、「生涯の生活設計」などについて学ぶ家庭基礎や家庭総合（家庭科）、「自己の在り方生き方を考える」ことを目的の一角に据える総合的な探究の時間など、様々なキャリア教育実践の機会が想定される。

　このようなキャリア教育の充実を図るためには、校長のリーダーシップのもと、進路指導主事やキャリア教育担当教師を中心とした校内の組織体制を整備し、学年や学校全体の教師が共通の認識に立って指導計画を作成するなど、それぞれの役割・立場において協力して指導に当たることが重要であることは言うまでもない。さらに、「社会に開かれた教育課程」の理念のもと、地域住民等と目標やビジョンを幅広く共有し、家庭・保護者とも共通理解を図りつつ、連携・協働して、生徒が社会の中での自分の役割を果たしながら、自分らしい生き方を実現していくための働きかけを行うことが必要である。

7 「キャリア・パスポート」の意義と 指導上の留意点

　前節で詳述した通り、特別活動は、キャリア教育の要として重要な役割が期待されている。中学校学習指導要領（平成29年）、高等学校学習指導要領（平成30年）はともに、学級活動・ホームルーム活動の「内容の取扱い」において「2の（3）の指導に当たっては、学校、家庭及び地域における学習や生活の見通しを立て、学んだことを振り返りながら、新たな学習や生活への意欲につなげたり、将来の生き方を考えたりする活動を行うこと。その際、生徒が活動を記録し蓄積する教材等を活用すること」と定めている。ここで指摘されている「生徒が活動を記録し蓄積する教材等」について、「『キャリア・パスポート』と呼ぶ。ただし、都道府県や設置者、各学校において独自の名称で呼ぶことは可能とする」としたのは、平成31年3月29日付けの事務連絡「『キャリア・パスポート』例示資料等について」（文部科学省初等中等教育局児童生徒課発出）の別添資料「『キャリア・パスポート』の様式例と指導上の留意事項」であった。

1 「キャリア・パスポート」の定義

　その上で、上記資料は、「キャリア・パスポート」の目的を次のように示している。

> 　小学校から高等学校を通じて、児童生徒にとっては、自らの学習状況やキャリア形成を見通したり、振り返ったりして、自己評価を行うとともに、主体的に学びに向かう力を育み、自己実現につなぐもの。
> 　教師にとっては、その記述をもとに対話的に関わることによって、児童生徒の成長を促し、系統的な指導に資するもの。

　また、「キャリア・パスポート」を次のように定義付けた。

> 　「キャリア・パスポート」とは、児童生徒が、小学校から高等学校までのキャリア教育に関わる諸活動について、特別活動の学級活動及びホームルーム活動を中心として、各教科等と往還し、自らの学習状況やキャリア形成を見通したり振り返ったりしながら、自身の変容や成長を自己評価できるよう工夫されたポートフォリオのことである。
> 　なお、その記述や自己評価の指導にあたっては、教師が対話的に関わり、児童生徒一人一人の目標修正などの改善を支援し、個性を伸ばす指導へとつなげながら、学校、家庭及び地域における学びを自己のキャリア形成に生かそうとする態度を養うよう努めなければならない。

2 「突然、降って湧いた『キャリア・パスポート』」は誤解

　「キャリア・パスポート」については、新規導入が教員の負担を増やすとの指摘もなされている。しかし、このような指摘は「キャリア・パスポート」という名称の目新しさ、耳なじみのなさに起因する部分も少なくないと推察される。

　これまで日本の学校教育では、自らの学習状況やキャリア形成を見通したり振り返ったりすることを主眼としたワークシートなどを用いた記録、作文などが数多く活用されてきた。「今年の抱負」「○学期のめあて」「○歳の私へのメッセージ」「将来の夢」など、将来を「見通す」活動を記録したものはもちろん、「あさがおの観察記録」「社会科見学の記録」「運動会の思い出」「職場体験活動を振り返って」「○学期を振り返って自己評価をしてみよう」など、学習活動を「振り返る」多様

な活動がなされ、それらの記録も残されてきた。このような児童生徒たちの記録は、学級担任・ホームルーム担任を中心とした教師が丁寧に読み、一人一人の肯定的な自己理解につながるコメントを書き残すこともごく一般的になされてきた。「キャリア・パスポート」の原型あるいは源流とも言うべき実践は、これまで日本の多くの学校において長年にわたって継続されてきたのである。

図1　学習活動を振り返る生徒の姿

図2　記録を蓄積する生徒の姿

　しかしながら、大多数の場合、一人一人ファイリングされたこれらの記録は、学年末に個々の児童生徒に返却されてきた。返却後の活用はそれぞれの家庭に委ねられ、いわば「行方知らず」となってしまっているケースも少なくないと言えよう。

　「キャリア・パスポート」は、これまで多くの学校で活用されてきたこれらの記録について、学年を超え、学校段階を超えて蓄積し、生徒が自身の変容や成長を自己評価できるようにするための教材である。唐突に降って湧いたように導入され、教員の負担をいたずらに増やすものでは全くない。

3 「キャリア・パスポート」の意義

　このような「キャリア・パスポート」には、例えば次のような3つの意義があると考えられる。

　1つ目は、学校の教育活動全体で行うキャリア教育の要としての特別活動の意義が明確になることである。例えば、各教科・科目等における学習や特別活動において学んだこと、体験したことを振り返り、気付いたことや考えたことなどを適時蓄積し、それらを学級活動・ホームルーム活動においてまとめたり、つなぎ合わせたりする活動を行うことにより、目標をもって自律的に生活できるようになったり、各教科・科目等を学ぶ意義についての自覚を深めたり、学ぶ意欲が高まったりするなど、各教科・科目等の学びと特別活動における学びが往還し、それぞれの学習が自己のキャリア形成につながっていくことが期待される。

　2つ目は、小学校、中学校、高等学校へと系統的なキャリア教育を進めることに資するということである。「キャリア・パスポート」を活用して、小学校、中学校、高等学校の各段階における学習や生活を振り返って蓄積していくことにより、発達の段階に応じた系統的なキャリア教育を充実させることになると考えられる。例えば都道府県市区町村あるいは中学校区内において、連続した取組が可能となるよう、教材等の工夫や活用方法を共有することは大変有効である。

　3つ目は、定義の中にも示されるように、生徒にとっては自己理解を深めるためのものとなり、教師にとっては生徒理解を深めるためのものとなることである。学習や生活の見通しをもち、振り返ることを積み重ねることにより、生徒は年間を通して、あるいは入学してから現在に至るまで、どのように成長してきたかを把握することができる。特に、気付いたことや考えたことを書き留めるだけでなく、それを基に教師との対話をしたり、生徒同士の話合いを行ったりすることを通して、

自分自身のよさ、興味・関心など、多面的・多角的に自己理解を深めることになる。また、教師にとっては、一人一人の生徒の様々な面に気付き、生徒理解を深めていくことになる。

4 「キャリア・パスポート」の様式と内容

　前述したように、「キャリア・パスポート」とは、児童生徒が小学校から高等学校までのキャリア教育に関わる諸活動について記録を残し、蓄積して、自身の変容や成長を自己評価できるよう工夫されたポートフォリオである。そのため、進級・進学後に数年前の記録を振り返る活動なども想定した記録と蓄積が必要となり、いわば「単年度完結型」であったこれまでのワークシート等の蓄積とは異なる工夫も必要となる。

　国として「キャリア・パスポート」の様式例を示し、都道府県や市町村の教育委員会においても基本となる書式やその例を示すことが多いのは、クラス替えを伴う進級や、複数の下級学校から上級学校に進学することを前提としつつ、その後の振り返りの活動の円滑化と教育効果の向上を目指したものであり、ワークシートなどの書式や内容について一人一人の教師の創意工夫自体の価値を否定するものではない。

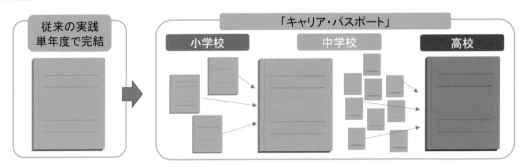

図3　12年間活用される「キャリア・パスポート」のイメージ

　例えば、従来の単年度完結型の取組においては、生徒が記録する日常のワークシートや日記、手帳や作文等を自由にファイリングすることが可能であった。一方、「キャリア・パスポート」では、それらを貴重な基礎資料としつつ、学年や学校種を超えた中・長期的な振り返りと見通しができる内容とする観点から整理・参照・取捨選択等を加えたり、収録するワークシートの書式の変更等を検討したりする必要がある。その際、各シートはA4判（両面使用可）に統一し、各学年での蓄積は数ページ（5枚以内）とすることが望ましい。

　また、通常の学級・ホームルームに在籍する発達障害を含む障害のある生徒については、生徒の障害の状態や特性及び心身の発達の段階等に応じて指導すること、特別支援学校において個別の教育支援計画や個別の指導計画等により「キャリア・パスポート」の目的に迫ることができると考えられる場合は、生徒の障害の状態や特性及び心身の発達の段階等に応じた取組や適切な内容とすることなど、個々の生徒の障害の状態や特性及び心身の発達の段階等に応じた無理のない記録や蓄積となるようにすることが重要であることは言うまでもない。

　なお、GIGAスクール構想の下で整備された1人1台端末の積極的な利活用等の促進が目指される中で、「キャリア・パスポート」についても、中学校あるいは高等学校のいずれかのタイミングで、紙媒体からICTを活用した記録・蓄積へと移行する可能性が検討されることも想定される。文部科学省では、令和3年5月に、「教育情報セキュリティポリシーに関するガイドライン」について、クラウド・バイ・デフォルトの原則（情報システムの導入・変更等に当たってクラウドサービスの利用を第1候補として検討を行うこと）やクラウドサービスの利用におけるセキュリティ対策を追加するなどの改訂を行ったところであるが、個人情報を含む「キャリア・パスポート」につい

ては、地方自治体ごとの個人情報保護条例等に基づき、個人情報保護審査会の許可を得ることや、保護者の事前了解を得ることなど、ICT活用に向けた前提条件を慎重に検討する必要がある。

5 指導上の留意点

さらに、「キャリア・パスポート」を活用した指導に当たっては、特に次のような点に留意することが求められる。

○ キャリア教育は学校教育活動全体で取り組むことを前提に、「キャリア・パスポート」やその基礎資料となるものの記録や蓄積においては、学級活動・ホームルーム活動（3）に偏らないように留意すること。

○ 学級活動・ホームルーム活動で「キャリア・パスポート」を取り扱う場合には、記録の活動のみに留まることなく、記録を用いて話し合い、意思決定を行うなどの学習過程を重視すること。

○ 「キャリア・パスポート」は、自己評価や相互評価などの学習活動のための教材であることを踏まえ、日常の活動記録やワークシートなどの教材と同様に指導上の配慮を行うこと。とりわけ、生徒の記録や自己評価・相互評価の結果を、そのまま評定や順位付けを含む学習評価とすることは適切ではなく、上級学校の入学試験や就職試験等の合否判定のための資料の一部とすることはあってはならないこと。

○ 「キャリア・パスポート」を用いて、大人（家族や教師、地域住民等）が記録を活用してカウンセリングを行うなど、対話的に関わり、生徒理解や一人一人のキャリア形成に努めること。
なお、平成31年3月29日に発出された事務連絡「『キャリア・パスポート』例示資料等について」等の参考資料は、次ページのQRコードから閲覧及びダウンロードが可能である。

文部科学省
「キャリア・パスポート」
例示資料等について

文部科学省
「キャリア・パスポート」に関する
Q&Aについて（令和4年3月改訂）

文部科学省
「キャリア・パスポート」の
学年・校種間の引き継ぎについて

2 学級活動・ホームルーム活動について

学級活動・ホームルーム活動とは何か、議題や題材はどのように設定すればよいか、生徒主体の話合いにするにはどのような工夫が必要か……など、11の項目をQ&Aで解説するとともに、指導のポイントを示し19の事例を紹介します。事例は想定される年間の実施時期を踏まえた順になっています。また、中学校または高等学校のどちらかでの例示となっています。

学級活動・ホームルーム活動とは何か？

A 　学級活動・ホームルーム活動は、共に生活や学習に取り組む生徒で構成される集団である「学級・ホームルーム」において行われる活動である。学級・ホームルーム生活の充実と向上に向けて、生活上の問題を見いだし、その解決のために話し合い、合意形成したことに協働して実践したり、個々の生徒が当面する諸課題などについて自己を深く見つめ、意思決定をして実践したりすることに、自主的、実践的に取り組む活動により、現在及び将来の自己と集団との関わりを理解し、健全な生活や社会づくりの実践力を高めるものである。

1　学級活動・ホームルーム活動の目標

　中学校学習指導要領（平成29年）及び高等学校学習指導要領（平成30年）では、学級活動・ホームルーム活動の目標を以下の通り示している。

※〔　〕は中学校、（　）は高等学校を示している。それ以外の部分はすべて中学校・高等学校共通である。

> 　学級（ホームルーム）や学校での生活をよりよくするための課題を見いだし、解決するために話し合い、合意形成し、役割を分担して協力して実践したり、学級（ホームルーム）での話合いを生かして自己の課題の解決及び将来の生き方を描くために意思決定して実践したりすることに、自主的、実践的に取り組むことを通して、第1の目標に掲げる資質・能力を育成することを目指す。

なお、第1の目標に掲げる資質・能力とは、次の3つである。
（1）多様な他者と協働する様々な集団活動の意義や活動を行う上で必要となることについて理解し、行動の仕方を身に付けるようにする。
（2）集団や自己の生活、人間関係の課題を見いだし、解決するために話し合い、合意形成を図ったり、意思決定したりすることができるようにする。
（3）自主的、実践的な集団活動を通して身に付けたことを生かして、（主体的に）集団や社会に〔おける〕（参画し、）生活及び人間関係をよりよく形成するとともに、人間としての（在り方）生き方についての〔考え〕（自覚）を深め、自己実現を図ろうとする態度を養う。

2　学級活動・ホームルーム活動の内容構成

　学級活動・ホームルーム活動は、それぞれの特質に応じて（1）、（2）、（3）の内容項目に分類される。各活動内容項目の多くが中学校と高等学校で共通しており、中高間の系統性が明らかになるよう整理されている。なお、以下に示すそれぞれの内容項目については、中学校では「いずれの学年においても取り扱うもの」とされているのに対して、高等学校では「入学から卒業までを見通して、取り扱うもの」とされている。

（1）学級・ホームルームや学校における生活づくりへの参画

	中学校	高等学校
ア	学級や学校における生活上の諸問題の解決	ホームルームや学校における生活上の諸問題の解決
イ	学級内の組織づくりや役割の自覚	ホームルーム内の組織づくりや役割の自覚
ウ	学校における多様な集団の生活の向上	学校における多様な集団の生活の向上

（2）日常の生活や学習への適応と自己の成長及び健康安全

ア	自他の個性の理解と尊重、よりよい人間関係の形成	自他の個性の理解と尊重、よりよい人間関係の形成
イ	男女相互の理解と協力	男女相互の理解と協力
ウ	思春期の不安や悩みの解決、性的な発達への対応	国際理解と国際交流の推進
エ	心身ともに健康で安全な生活態度や習慣の形成	青年期の悩みや課題とその解決
オ	食育の観点を踏まえた学校給食と望ましい食習慣の形成	生命の尊重と心身ともに健康で安全な生活態度や規律ある習慣の確立

（3）一人一人のキャリア形成と自己実現

ア	社会生活、職業生活との接続を踏まえた主体的な学習態度の形成と学校図書館等の活用	学校生活と社会的・職業的自立の意義の理解
イ	社会参画意識の醸成や勤労観・職業観の形成	主体的な学習習慣の確立と学校図書館等の活用
ウ	主体的な進路の選択と将来設計	社会参画意識の醸成や勤労観・職業観の形成
エ		主体的な進路の選択決定と将来設計

3 学級活動・ホームルーム活動における学習過程

　学級活動・ホームルーム活動において育成を目指す資質・能力は、次に表すような学習過程を通して育まれる。実践したことを振り返って、次の課題解決につなげることが大切である。なお、学級活動・ホームルーム活動（1）において、教師の適切な指導の下に生徒によって提案される話合いの内容を「議題」と称し、学級活動・ホームルーム活動（2）（3）において、教師が学級・ホームルーム経営や生徒の発達の段階を踏まえ、あらかじめ年間指導計画に即して設定した学級活動・ホームルーム活動で取り上げる内容を「題材」と称している。

〈中学校 学級活動における学習過程の例〉

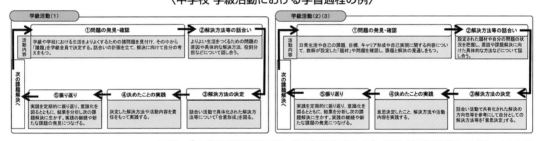

出典：『中学校学習指導要領（平成29年度告示）解説 特別活動編』P42、44より

4 学級活動・ホームルーム活動の内容の取扱い

　内容の取扱いに当たっては、集団活動における話合い活動の進め方や合意形成の仕方、チームワークの重要性や集団活動における役割分担などについて、中・高等学校では、小学校からの積み重ねを生かしつつ、発達の段階を踏まえてさらに発展させることが求められる。
　また、（3）の指導においては、学習や生活の見通しを立て、学んだことを振り返りながら、新たな学習への意欲につなげたり、将来の生き方を考えたりする活動を行うことが必要である。こうした活動を行う際に、生徒が活動を記録し蓄積する教材等（「キャリア・パスポート」）を活用することについては、次のような3つの意義があると考えられている。

　　・教育活動全体で行うキャリア教育の要としての特別活動の意義が明確になること
　　・小・中・高等学校へと系統的なキャリア教育を進めることに資するということ
　　・生徒にとっては自己理解を深め、教師にとっては生徒理解を深めるものとなること

Q2 学級活動・ホームルーム活動について

学級活動・ホームルーム活動の「議題」及び「題材」は、どのように設定すればよいか？

A 　学級活動・ホームルーム活動は、学級・ホームルームや学校の生活の充実と向上、生徒の現在及び将来における学習、生活上の課題、生き方等を内容として取り上げるので、学級・ホームルームや学校の実態及び課題、生徒の発達の段階等を十分に考慮して「議題」及び「題材」を設定する。

　学級活動・ホームルーム活動では、生徒が学級・ホームルームや学校で直面する生活上の様々な問題を内容として取り上げる。ここでいう問題や内容は、学級・ホームルームや学校の実態によって異なるものであり、「議題」の選定及び「題材」の設定に当たっては、これを十分に考慮する必要がある。

　また、中学校、高等学校学習指導要領には、学級活動・ホームルーム活動における内容が（1）～（3）として示されている。そこで、「議題」については、（1）の内容をもとに、教師の適切な指導の下に生徒の話合いによる提案から生徒自身が選定できるようにすることが必要である。また、「題材」については、（2）（3）の内容をもとに、教師が取り上げたい内容をあらかじめ年間指導計画に即して設定することが必要である。

1 学級活動・ホームルーム活動(1)「学級・ホームルームや学校における生活づくりへの参画」の議題について

　この内容は、学びに向かう集団づくりの基盤になるものであり、その特質から、教師の適切な指導の下、生徒の自発的、自治的な活動が進められることが望まれる。そこで、中学校、高等学校学習指導要領に示された内容項目ごとに、学級・ホームルームや学校の実態及び生徒の発達の段階を踏まえた上で、生徒による提案をもとに生徒自身がよりよい「議題」を選定できるようにすることが大切である。

2 学級活動・ホームルーム活動(2)「日常の生活や学習への適応と自己の成長及び健康安全」の題材について

　この内容は、生徒の現在及び将来における自己の生活上の課題と向き合う基盤になるものである。その活動を進めるに当たっては、中学校、高等学校学習指導要領に示された内容項目ごとに、生徒が自分自身の課題として受け止めていくことができるように身近な事例を取り上げるなどして「題材」を設定することが大切である。その際、各教科・科目、道徳科及び総合的な学習（探究）の時間等の指導との関連を図ることや、生徒の発達の段階に応じて計画的・系統的に「題材」を設定することも必要である。

3 学級活動・ホームルーム活動(3)「一人一人のキャリア形成と自己実現」の題材について

　この内容は、生徒の現在及び将来を見通した学習や生き方に関する課題と向き合う基盤になるものである。その活動を進めるに当たっては、中学校、高等学校学習指導要領に示された内容項目ごとに、生徒の発達の段階や指導内容の系統性を踏まえ、また各教科等の教育活動と有機的に関連させて「題材」を設定することが大切である。その際、学級・ホームルームや学校の実態及び課題に応じて、内容項目を重点化することや関連・統合を図ることも必要である。

話合い活動の充実につながる視点には、どのようなものがあるか？

A 話合い活動の充実につながる視点として、まず教師が生徒や学級・ホームルームの実態を見極め、適時・適切な指導をしているかどうかを確認したい。また、他校種における学級活動・ホームルーム活動の取組を参観したり、児童生徒の実態について情報共有を行ったりするなど、校種間等での連携を図っているかどうかも重要である。

1 教師が生徒や学級・ホームルームの実態を見極め、適時・適切な指導をしているか

　学級活動・ホームルーム活動は、主に社会参画や集団における合意形成を図って実践する内容（1）と、個人としての意思決定を行う内容（2）、（3）から構成され、いずれも集団での話合いを重視する活動である。

　しかしながら、中学校・高等学校においては、話合い活動における学校間、教師間の取組に差が見られ、話合い活動に対する十分な理解の下に実践が行われてきたとは言いがたい状況が見られる。また、中学生・高校生の発達の段階として、個人差はあるものの、自己開示に慎重になったり、相手の発言に対して意見を言うことをためらったりしがちな面も見られる。こうしたことを踏まえ、学級活動・ホームルーム活動において、学級経営の基盤となる話合い活動を充実させるために、教師が生徒や学級・ホームルームの実態を見極め、適時・適切な指導をしているかどうかなど、具体的な視点を定めて取組を進めていくことが重要である。

2 教師が校種間連携の視点や教科等間連携の視点をもっているか

　話合い活動を充実させるためには、教師が他校種における学級活動・ホームルーム活動の授業を参観したり、児童生徒の実態について情報共有を行ったりするなど、小・中・高等学校の校種間連携の視点をもつことも必要である。小学校の学級活動の経験を生かすことは中学校における話合い活動の活性化になると考えられるため、中学入学当初における話合い活動の指導に当たっては、小学校からの積み重ねや経験を生かし、それらを発展させることが大切である。同様に、中学校の学級活動の経験を生かすことは、高等学校におけるホームルーム活動の充実、話合い活動の活性化につながると考えられる。また、話合い活動の充実のためには、国語科や社会科（地理歴史・公民科）などの各教科等の学習における話合い活動の経験を生かすことも欠かせない。話合い活動は、このような校種間連携の視点や教科・科目等間連携の視点をもって計画的に実施することが大切である。

3 生徒が自発的、自主的に取り組む活動が充実しているか

　話合い活動の充実につながる視点として、生徒が自発的、自主的に取り組む活動が充実しているかどうかも大切な視点である。例えば、生徒自らが学級・学校生活の充実・向上のために自分たちの話合い活動により、適切なきまりをつくりそれを守る活動は、まさしく自発的、自治的な活動であり、自分たちで決定したことについて責任を果たす活動に他ならない。このように集団としての合意形成に主体的に関わり、その決定を尊重する活動を通して、生徒は集団の形成者としての自覚を高め、自主的、実践的な態度を身に付けていく。このような生徒が自発的、自主的に取り組む活動の充実を図ることにより、生徒の規範意識や社会性、社会的な実践力が育成され、話合い活動自体の充実にもつながるものと考えられる。

Q4 生徒主体の話合い活動には、どのような工夫が必要か？

 生徒主体の話合い活動を進めるために、以下のような指導の工夫が考えられる。
①主体的に取り組める切実感のある議題や題材を選定する。
②自分たちの活動として考えることができるように、あらかじめ活動の流れを検討したり役割分担を決めたりする。
③話し合う内容や方法を明確にしたり、自分の意見を発表しやすくしたりする。

1 切実感のある議題や活動テーマの選定

　生徒主体の話合い活動を行うためには、個々の生徒の議題や題材に対する問題意識や改善意欲が必要である。そのため、アンケートを実施したり学校生活における生徒の様子を観察したりすることで、生徒が課題と感じていることを把握し、議題や題材を選定する。日ごろから学級活動・ホームルーム活動委員会を組織し、生徒が自分たちの実態を把握しておくことで、よりよい学級や学校づくりに関わる問題を見付け議題を提案することや、学級活動・ホームルーム活動委員会の組織を生かして、題材を決定することができるようにすることが大切である。

2 活動の流れの事前検討と役割分担

　生徒主体の話合い活動を行うためには、自分たちの活動として考えることができるように、あらかじめ活動の流れを検討したり役割分担を決めたりすることが必要であり、主に次のようなものが考えられる。
①学級活動・ホームルーム活動委員会を中心に、学級活動・ホームルーム活動の計画を立てる。
②司会や記録などの役割分担を決める。
③生徒の活動状況によっては、教師の指導や助言がときには必要となる。
④議題の提案理由や題材設定の理由など、なぜ話し合うのかを全員が理解してから話合いに臨む。
⑤話合いを進める生徒のリーダーシップや話合いに参加する生徒のフォロワーシップを育成する。

3 意見を発表しやすくする

　生徒主体の話合い活動を進めるためには、あらかじめ話し合う内容や方法を理解していることが大切である。本時の活動における、生徒の思考の流れが分かりやすい板書やワークシートの工夫をする。話合いのルールをまとめたマニュアルを作成するのも1つの方法である。分かりやすく話し合うことを一人一人が意識することも大切である。

　考えがまとまらないときには、ICT端末を活用して、互いの考えを参考にできるようにしたり、考えを整理するためにKJ法や、フィッシュボーン・ピラミッドチャートなどの思考ツールを活用したりしてもよい。

　意見を発表しにくいときには、小グループで意見を交わし自分の考えに自信をもたせる。日ごろから意見を出しやすい雰囲気を教師が作ることにも心掛ける。また、帰りの会などで1分間スピーチを実施して自分の意見を表現することに慣れさせることもよい。

学級活動・ホームルーム活動の評価は、具体的にどのように行うのか？

A 　学校で定められた評価の観点と、議題及び題材のねらいに応じた評価規準に沿って、学校の実態及び課題に応じて目指す生徒の姿を設定する。そして、一連の活動過程（事前・本時・事後）における評価の場面において、以下のような様々な評価方法を活用して評価を行う。

①個々の生徒の行動（発言・活動・表情等）を観察する。

②教師との対話やワークシート等の記述を参考にする。

③生徒が活動を記録し蓄積する教材等（「キャリア・パスポート」）、教師による指導の記録等の諸資料を参考にする。

④生徒自身による自己評価や相互評価を参考にする。

1 評価を行う上での留意点

　生徒一人一人のよさや可能性を生徒の学習過程から積極的に認めるようにすること、育成を目指す資質・能力がどのように成長しているかということについて、各個人の活動状況を基に、評価を進めていくことが必要である。そのためには、活動の結果だけでなく活動の過程（事前・本時・事後）における生徒の努力や意欲を積極的に認めたり、生徒のよさを多面的・総合的に評価したりすることが大切である。仮に評価規準の「十分満足できる活動の状況」に達していないとしても、一人一人の変容を適切に見取り、その生徒にとっては大きな一歩となるようなわずかな伸びも見逃さないよう留意する必要がある。そうした評価は、記録に残したり、生徒本人に声掛けしたりするなどして、生徒のやる気を引き出すことにつなげることが重要である。

2 学級活動・ホームルーム活動の評価の観点と評価規準について（中学校の例）

観点 内容	よりよい生活を築くための 知識・技能	集団や社会の形成者としての 思考・判断・表現	主体的に生活や人間関係を よりよくしようとする態度
学級活動（1）	学級や学校の生活上の諸問題を話し合って解決することや他者と協働して取り組むことの大切さを理解している。 合意形成の手順や活動の方法を身に付けている。	学級や学校の生活をよりよくするための課題を見いだしている。 課題解決に向け、話し合い、多様な意見を生かして合意形成を図り、協働して実践している。	学級や学校における人間関係を形成し、見通しをもったり振り返ったりしながら、他者と協働して日常生活の向上を図ろうとしている。
学級活動（2）	自己の生活上の課題の改善に向けて取り組むことの意義を理解している。 適切な意思決定を行い実践し続けていくために必要な知識や行動の仕方を身に付けている。	自己の生活や学習への適応及び自己の成長に関する課題を見いだしている。 多様な意見をもとに自ら意思決定して実践している。	他者への尊重と思いやりを深めてよりよい人間関係を形成しようとしている。 他者と協働して自己の生活上の課題解決に向けて、見通しをもったり振り返ったりしながら、悩みや葛藤を乗り越え取り組もうとしている。 自他の健康で安全な生活を構築しようとしている。
学級活動（3）	社会の中で自分の役割を果たしながら、自分らしい生き方を実現していくことの意義を理解している。 現在の学習と将来の社会・職業生活とのつながりを考え、自分らしい生き方の実現を図るために、必要な知識及び技能を身に付けている。	自分らしい生き方の実現に向け、現在の学習や将来の進路についての課題を見いだしている。 主体的に学習に取り組み、働くことや社会に貢献すること、自己の将来について、適切な情報を収集して考え、意思決定して実践している。	将来の生き方を見通したり、現在の生活や学習を振り返ったりしようとしている。 働くことと学ぶことの意義を意識し、社会的・職業的自立に向けて自己実現を図ろうとしている。

＊『「指導と評価の一体化」のための学習評価に関する参考資料（中学校・特別活動）』（文部科学省国立教育政策研究所教育課程研究センター　令和2年3月）P31〜35参照

＊高等学校については、『「指導と評価の一体化」のための学習評価に関する参考資料（高等学校・特別活動）』（文部科学省国立教育政策研究所教育課程研究センター　令和3年8月）P30〜37参照

Q6 学級活動・ホームルーム活動について

学級活動・ホームルーム活動の年間指導計画は、どのように作成するのか？

A 　学級活動・ホームルーム活動は、入学から卒業までの発達の段階を踏まえ、系統立てて指導するとともに、年間を通して計画的に指導する必要があることから、その年間指導計画は、全教職員の協力の下で作成することが大切である。

1 各学年の年間指導計画の作成方法

　学級活動・ホームルーム活動の指導は、入学から卒業までの発達の段階を踏まえ、系統立てて行う必要があるため、学校として全学年間を見通した各学年の年間指導計画を作成して進めることになる。作成に際しては、中学校は学習指導要領で示された学級活動の内容の全てについて、各学年の年間指導計画に位置付ける必要があり、高等学校は学習指導要領でホームルーム活動の内容として示された（1）のアからウ、（2）のアからオ、（3）のアからエについて、入学から卒業までの年間指導計画に位置付ける必要がある。また、必要に応じて内容間の関連を図り、配当された時間の中で学級活動・ホームルーム活動の目標が、適時・適切に達成できるように指導計画を作成することが大切である。

　学級活動・ホームルーム活動における適切な指導の在り方は、生徒会活動や学校行事の充実の基盤であり、この3つの内容相互の密接な関連を図ることによって、特別活動の全体が充実し、その目標を達成していくこともできる。そのためには、入学から卒業までを見通した学校としての特別活動の全体計画、相互の関連を図った各活動・学校行事ごとの年間指導計画を立てていくことが極めて重要である。

2 学級・ホームルームごとの年間指導計画の作成方法

　学級・ホームルームごとの年間指導計画は、学校として作成した各学年の学級活動・ホームルーム活動の年間指導計画に基づき、学級・ホームルーム担任が学級経営・ホームルーム経営の観点から予想される議題や設定した題材、学年・学級・ホームルームや生徒個々の実態及び課題、生徒会活動や学校行事などに関わる議題や題材などを考慮して作成する計画であり、生徒が作成する活動計画のよりどころとなるものである。また、学級活動・ホームルーム活動が、生徒の学校生活における学習や生活の基盤である学級・ホームルームを単位として展開される活動であることからも、学級経営・ホームルーム経営や学年経営との関連を図って作成することが大切である。

3 各学年の年間指導計画や学級・ホームルームごとの年間指導計画に示す内容例

　学校としての年間指導計画や学級・ホームルームごとの指導計画に示す内容としては、次のようなものが考えられる。

●学校や学年、学級・ホームルームの指導目標　　　　●身に付けさせたい資質・能力
●指導内容（予想される議題や設定した題材）と時期　　●指導の時間配当
●指導方法　　　　　　　　　　　　　　　　　　　　●指導教材（必要に応じて）
●評価など

42

Q7 学級活動・ホームルーム活動について

学級活動・ホームルーム活動の学習指導案は、どのように作成するのか？

A 　学級活動・ホームルーム活動の学習指導案の作成にあたっては、生徒や学級の実態を踏まえ、学級活動・ホームルーム活動の指導（一連の学習過程）を通して「どのような生徒を育てたいのか」「そのためにどのような指導の工夫（手立て）を行うのか」について、教師の思いや願いを感じ取る（読み取る）ことができるものにする。

1 指導案作成の手順

　学級活動・ホームルーム活動のねらいを実現するためには、以下のような手順で生徒の活動を構想しながら指導案を作成することが必要になる。具体的な作成手順は、以下のとおりである。

・議題・題材を学級・ホームルームごとの年間指導計画を踏まえて選択する。
・議題・題材に関する個や学級・ホームルームの実態、自主的な活動の経験（質的な状況）を把握する。それを踏まえ、課題解決を通して、目指す個や学級・ホームルームの姿を明らかにする。
・議題・題材のねらいや活動内容の特質から生徒の活動形態（自主的、実践的な活動形態、自発的、自治的な活動形態）を選択するとともにどのような能力や態度を育てるのかを明確にする。

2 指導案の構成

　学級活動・ホームルーム活動の1単位時間の指導案に記入する内容には、次のようなものが考えられる。

・議題もしくは題材
・生徒の実態と議題選定、題材設定の理由
・指導のねらい
・本議題もしくは題材における評価の観点と評価規準
・展開の過程（①事前の指導と生徒の活動、②本時の指導と生徒の活動、③事後の指導と生徒の活動）における指導上の留意点や評価規準に即して設定した「目指す生徒の姿」

なお、合意形成を図る内容と意思決定を目指す内容の違いに留意して構成することが大切である。

3 事前・事後指導のポイント

　「事前の指導と生徒の活動」では、課題や問題を発見・確認した上で、本時の議題・題材を決定し、話合い活動の計画を立てたり、生徒に課題や問題意識をもたせたりする。具体的には、学級活動・ホームルーム活動委員会を中心に、資料収集、アンケート調査の準備や実施、「議題・題材」の決定、提案理由の検討、議事進行計画の作成、役割分担、本時の予告を通した課題や問題への意欲付けを行うことなどが考えられる。どの活動も本時の話合い活動を活発にしたり、深めたりするのに重要である。

　「事後の指導と生徒の活動」では、本時で決定したことの実践や過程や成果の振り返りを行う。具体的には、本時で合意形成・意思決定したことを実践し、実践の過程や成果を行動観察やアンケート調査で確認しながら、今後の学校生活の改善に生かす必要がある。

当番活動や係活動を活発にしたいが、どのような工夫をしたらよいのか?

A 　当番活動や係活動を活発にするには、生徒が活動の意義を理解し、生徒自身が活動の内容や方法を具体的に決定できるようにすることが重要である。また、相互評価を活用して、各係活動の問題点や改善点を考えることも工夫の1つである。

1 当番活動に責任をもって取り組むようにする工夫

　給食当番・清掃当番等の当番活動は、学級・ホームルームの日常生活が円滑に運営されていくために、一人一人が責任をもち、担当しなければならない活動で、学校生活の充実に資するものと言える。そのため、生徒が当番活動を行う意義やねらいを十分に理解し、活動の内容や方法(いつ、どこで、誰が、どのように)を具体的に決めた上で取り組むよう工夫することが重要である。

2 係活動を活発にする工夫

　係活動は、学級・ホームルームの生活を自分たちで豊かにしていくために、生徒が活動を見いだして、創意工夫を発揮する活動であり、学級・ホームルーム生活の向上や将来に必要な経験を積むなどのキャリア形成に資するものと言える。そのため、生徒の総意によって係組織を編成することが大切である。さらに、学級・ホームルーム内の係活動が効果的に行われるには、学級・ホームルームの成員全てが互いの個性を尊重しながら、何らかの役割を分担して協力し合うことが必要である。活動に際しては、一人一人が自己の役割に対する責任と喜びを感じ、よりよい学級・ホームルームにするための創意工夫が発揮できるように配慮することが肝要である。ほとんどの係活動は、生徒一人一人の協力が不可欠である。そのため、朝の会や帰りの会(SHR)での連絡の工夫や掲示物の有効活用などを積極的に行うことで、活動の活性化を図り、学級・ホームルームの成員全てが協調・協力して活動に取り組めるよう工夫することが重要である。

3 学級担任・ホームルーム担任としての留意点

　学級担任・ホームルーム担任は、当番活動や係活動をよりよくするために、生徒一人一人が自分の取り組んでいることに対して、「自分の好きなことや得意なことをしている」、「友人から必要とされている」、「自分も学級・ホームルームや友人の役に立っている」など、自己有用感や学級・ホームルームへの所属感を味わわせることを大切にし、具体的な指導・助言を行う。その際、教員の適切な称賛や励ましは自己有用感を向上させるとともに、友人から認められることが係活動への活動意欲の向上につながる。そのためには、日頃から生徒同士が

お互いの頑張りを認め合える人間関係づくりに留意することや、担任が生徒一人一人の頑張りや活動の様子を適切に見取ることが大切である。
　なお、当番活動や係活動を学級・ホームルームの組織における班活動の一環として位置付け、話合い活動に基づく実践活動になるように指導・援助することも考えられる。

Q9 学級活動・ホームルーム活動を指導する際、道徳教育や道徳科との関連をどのように意識すればよいか？

A 　学級活動・ホームルーム活動の話合い活動や体験的な活動の中には、多くの道徳的実践を行う機会がある。道徳教育や道徳科で学習する内容項目との関連を意識して、生徒の道徳性を高める視点をもつことが大切である。

1 道徳教育における特別活動

　学習指導要領における特別活動の目標には、「集団活動に自主的、実践的に取り組み」、「互いのよさや可能性を発揮」、「集団や自己の生活上の課題を解決」など、道徳教育でもねらいとする内容が含まれている。また、育成を目指す資質・能力には、「多様な他者との協働」、「人間関係」、「人間としての生き方」、「自己実現」など、道徳教育がねらいとする内容と共通している面が多く含まれており、学級活動・ホームルーム活動をはじめとした特別活動が道徳教育において果たすべき役割は極めて大きいものがある。

　ただし、道徳教育と特別活動とのそれぞれの特質を考慮せず、安易な関連付けを行うことは逆に双方の学習効果の低下にもなりかねない。そのため、それぞれのねらいを明らかにして指導をするように留意する必要がある。

2 道徳科と特別活動

　特別活動は、道徳科の授業で学んだ道徳的価値の理解や人間としての生き方についての考えを実践的な活動の中で実際に言動に表すとともに、考えを深めたり身に付けたりする場や機会でもある。特に、道徳科の目標にある「人間としての生き方についての考えを深める学習」との関連を図り、特別活動の実践的な取組を通して、「人間としての生き方についての考えを深め、自己実現を図ろうとする態度」を養う必要がある。特別活動では道徳的な実践そのものを行い、道徳科では道徳的な実践を行うために必要な道徳性を養うなど、両方の特質を踏まえ、違いを十分に理解した上で、日常生活における道徳的な実践の指導の充実を図る。

　例えば、学級活動において、「情報化社会におけるモラル」という題材による話合い活動を行い、SNSについての正しい関わり方や問題の対処法を学び、意思決定を行う。この話合い活動の中で学んだ、道徳的行為や道徳的な実践を、道徳科で「節度、節制」、「思いやり」、「公徳心」といった内容項目として取り上げることにより、生徒がその道徳的価値を自覚し、自己の生き方を考えていくことにつながっていくことが考えられる。

学級活動・ホームルーム活動は、生徒指導を行う中核的な場と言われるのはなぜか？

A 特別活動では、自己指導能力の育成に必要な資質、能力を育成する。特に、これらの育成に関わる活動の多くが、学級活動・ホームルーム活動の活動内容そのものであることから、学級活動・ホームルーム活動はきめ細やかな生徒指導を行う中核的な場と言われている。

1 学習指導要領より

生徒指導のねらいは、個々の児童生徒の自己指導能力の育成にある。教育課程における活動は、学級・ホームルームという土台の上で実践されることから、学級・ホームルームは、生活集団であり、学習集団であり、生徒指導の実践集団である。学習指導要領第5章の第3の1の（3）では、「学級活動（ホームルーム活動）における生徒の自発的、自治的な活動を中心として、各活動と学校行事を相互に関連付けながら、個々の生徒についての理解を深め、教師と生徒、生徒相互の信頼関係を育み、学級経営（ホームルーム経営）の充実を図ること。その際、特に、いじめの未然防止等を含めた生徒指導との関連を図るようにすること。」と示されている。児童生徒が自主的、実践的によりよい生活や人間関係を築こうとして様々に展開される特別活動は、結果として児童生徒が主体的に集団の質を高めたり、よりよい人間関係を築いたりすることになり、生徒指導の実践集団を育てることになる。

2 生徒指導提要より

生徒指導提要（令和4年12月）では、生徒指導の定義を「生徒指導とは、児童生徒が、社会の中で自分らしく生きることができる存在へと、自発的・主体的に成長や発達する過程を支える教育活動のことである。なお、生徒指導上の課題に対応するために、必要に応じて指導や援助を行う。」と示している。

また、目的を「生徒指導は、児童生徒一人一人の個性の発見とよさや可能性の伸長と社会的資質・能力の発達を支えると同時に、自己の幸福追求と社会に受け入れられる自己実現を支える」としている。

特別活動は、生徒の「意思決定」や「合意形成」による自主的・実践的な集団活動を通して資質・能力を育成する活動である。また、その目標は、小・中・高等学校で大きな違いがなく、各教科・科目のように学年ごとの系統的な目標を示しておらず、教科書もない。

なお、我が国の教育方法上の理念は、学校における生活集団と学習集団を統合した教育の実践にある。そのことから、学級・ホームルームを「学びに向かう集団」に高めながら、児童生徒一人一人が自らの力で様々な不適応を解消し、意欲的に学習に取り組めるよう指導・援助する学業指導を、学級・ホームルーム経営の場で充実させることが重要となる。その具体的な内容として、帰属意識や規範意識、互いに高めあえる学級づくり・ホームルームづくりに関わる学級活動・ホームルーム活動の内容をきめ細やかに実施することが求められるのである。

Q11 学級活動・ホームルーム活動において、「キャリア・パスポート」をどのように活用するか？

A 例えば、年度当初に「キャリア・パスポート」を活用して生徒が昨年度の学校生活や学習などを振り返り、自己の成長に気付くとともに、新たな学習や生活の目標を立てる際に生かすことが考えられる。

1 学級活動・ホームルーム活動の目標（3）や内容に即したものとなるようにする

学級活動・ホームルーム活動（3）においては、学級・ホームルームでの話合いを生かし、自己の課題の解決及び将来の生き方を描くために意思決定して実践することに自主的・実践的に取り組むことが重要である。また、これらを通して、主体的に集団や社会に参画し、生活及び人間関係をよりよく形成するとともに、人間としての在り方生き方についての自覚を深め、自己実現を図ろうとする態度を養うことが求められる。

キャリア教育の「要」としての特別活動、特に学級活動・ホームルーム活動（3）では、学校、家庭及び地域における学習や生活の見通しを立て、学んだことを振り返りながら、新たな学習や生活への意欲につなげたり、将来の生き方を考えたりする活動を行う。その際、生徒がそれらの活動を通して自己評価を行い、主体的に学びに向かう力を育み、自己実現につなぐ「キャリア・パスポート」を効果的に活用することが重要である。学級活動・ホームルーム活動の時間中は、記録の活動のみに留まることなく、記録を用いて話し合い、意思決定を行うなどの学習過程を重視することが不可欠と言えよう。

2 日常の活動記録やワークシートなどの教材と同様に指導上の配慮を行う

「キャリア・パスポート」は、学習活動のための教材であることを踏まえ、日常の活動記録やワークシートなどの教材と同様に指導上の配慮を行うことが必要である。具体的には、生徒個々の状況を踏まえ、本人の意思とは反する記録を強いたり、無理な対話に結び付けたりしないように配慮すること、うまく書けない児童生徒への対応や、学級・ホームルーム、学年（学科）間格差解消等も日常の指導に準じること、特別支援学級に在籍する児童生徒、通級による指導を受ける児童生徒等、特に特別な配慮を要する児童生徒については、個々の障害の状態や特性及び心身の発達の段階等に応じた記録や蓄積となるようにすることなどが求められる。

また、「キャリア・パスポート」は自己評価や相互評価などの学習活動のための教材であることから、生徒による記録や評価をそのまま学習評価とすることは適切でない。さらに、入学者選抜や就職試験等でそのまま活用することは、「キャリア・パスポート」の趣旨・目的に反することであり、あってはならない。

3 対話的に関わることなどを通して生徒理解や一人一人のキャリア形成に努める

「キャリア・パスポート」の記述や自己評価の指導にあたっては、教師が対話的に関わり、児童生徒一人一人の目標修正などの改善を支援し、学校、家庭及び地域における学びを自己のキャリア形成に生かそうとする態度を養うよう努めなければならない。その際、生徒一人一人のよさや可能性を生徒の学習過程から積極的に認め、生徒の学習意欲の向上につなげる必要がある。

題材 「不安や悩みの解消」
高校生活を有意義に過ごそう

このような実態がありませんか？

- 高等学校に進学して、人間関係の変化や新しい環境に不安を感じている。
- 価値観の違う生徒とも関わりたいと思っている。
- 不安や悩みを抱えているが、高校生活をより有意義に過ごしたいと思っている。

このような生徒やホームルームを目指して

　高等学校入学時には、だれもが新しい環境や人間関係の変化に戸惑い、期待と不安を抱えている。

　互いの期待や不安を意見交換（交流）することで、安心感を高め、新たな人間関係の構築のきっかけとなるようにする。

　長期的な目標を明確にすることで、夢や希望をもって高校生活を有意義に過ごそうとする態度を育てる。

「悩みや不安」の解決策をみんなで話し合い、「目指すホームルーム像」を考える活動

事前の指導と生徒の活動

- 入学式後のホームルーム活動で、ホームルーム担任が期待する高校生活について話をする。
  ・学習面や生活面で、中学校との違いなどについて分かりやすく話をする。
  ・ホームルーム担任として、目指す生徒像や期待することなど思いを伝える。
- 生徒が抱える期待や不安、どのようなクラスにしたいかを確認するため、生徒にICTを活用したアンケート調査を行う。
  ［帰りのショートホームルーム］
  ・生徒は、高校生活における年間の学校行事や学習形態、進路希望調査時期の基本事項を事前に理解する。（映像を活用して紹介するのも効果的である）
- 中学校までで経験した話合いの基本事項を確認し、本時での話合いの方法を検討する。
  ・教職員が共通理解を図るために、例えば、「話合いの基本事項」について事前に学年会で話し合っておくことなども大切である。

> **話合いの基本事項（例）**
> ①人の話は最後まで聞く。
> ②積極的に発言する。
> ③相手を否定しない。
> ④少数意見を大切にする。
> ⑤決まったことは全員で協力する。

本時の活動

活動の開始

①本時のねらい（題材及び活動の意義）を確認する。

　▶入学当初の時期であり、事前の指導で検討した「話合いの基本事項」（グランドルール）を共有・確認する。

②アンケート結果を確認する。

　・高校生活で不安に思っていること
　・どのようなホームルームにしたいのか

> **不安に思っていること**
> ①勉強のこと　21人
> ②部活のこと　17人
> ③進路のこと　15人
> ④友達のこと　11人

> **どのようなホームルームにしたいか**
> ①互いのよさや可能性を
> 　引き出し合える　　20人
> ②チャレンジする　　15人
> ③協力的　　　　　　13人
> ④思いやりがある　　11人

アンケート結果

活動の展開

③アンケート結果から、「悩みや不安」をグループで1つ選び、解決策を考える。

・付箋を使い、個人で意見を考え、ブレインストーミングで意見をまとめる。

・解決策が考えられない場合には、応援のメッセージでもよいと伝える。

・それぞれの考えをグループごとに発表する。

▶共感的な雰囲気づくり、傾聴の姿勢を大切にする。

▶「悩みや不安」の共有により、相互理解を深めるとともに、安心感のあるホームルームづくりにつなぐ。

▶みんなで力を合わせてよりよいホームルームをつくる機運を高める。

④どのようなクラスにしたいかを話し合う。

・1年後の「理想のホームルーム」を考え、グループで話し合う。

・グループごとに発表する。

⑤そのためには「自分がどのような高校生になるべきか」を考える。

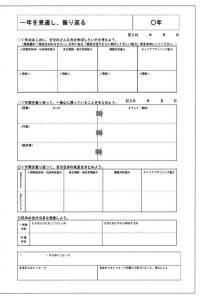

文部科学省 初等中等教育局児童生徒課 事務連絡（平成31年3月29日）「キャリア・パスポート」例示資料等についてより

> **生徒の意見例**
> 私は毎日、勉強や部活を真剣に取り組んでいきたいと思う。
> 私は常に、人のことを考えて行動できる高校生になりたいと思う。
> 私は学級のみんなと助け合って、学級が1つになれるように努力したいと思う。

⑥意見をグループで発表し、共有を図る。

・発表された意見は肯定的に捉える。

> 発言のルールの確認と生徒の拍手やうなずきなどにより、互いの意見を肯定的に捉えられるようにすることが大切である。

活動のまとめ

⑦今後の目標を（意思）決定する。

・今回の活動を踏まえ、「1年後の私」を「キャリア・パスポート」に記入する。

事後の指導と生徒の活動

実践と振り返り

①本時の活動で考えた「キャリア・パスポート」は、生徒自身が振り返りしやすいように工夫する。

②「1年後の私」は、各学期はじめの「キャリア・パスポート」を活用する時間に、自己の目標に近づくことができたかを1年間を通して定期的に確認し、場合によっては修正・改善を加えていく。

本実践における評価のポイント

①帰りのショートホームルームで、週番や係活動に関する反省を通して、安心感が高まっているかを見取る。

②自分自身の具体的な行動について考えられたかを確認する。

③ホームルームをよりよくする活動につながっているかを、学期末や長期休暇明けの「キャリア・パスポート」を考えるホームルーム活動で確認する。

学級活動・ホームルーム活動 事例 **2** 高等学校	議題 「集団の一員であるという自覚と責任感」

ホームルーム目標を設定しよう

このような実態がありませんか？

- 多様な他者と関わることに消極的である。
- ホームルームでの話合い活動が活発にならない。
- ホームルーム目標が教室に掲示してあるだけで、目標を意識して活動や実践を行ったり、その振り返りを行ったりすることがほとんどない。

このような生徒やホームルームを目指して

　ホームルームでの生活をよりよくするための目標設定に向けて、生徒が課題を見いだし、互いの意見を認め合いながら話し合い、合意形成を図ることにより、ホームルームの課題を自分事として捉え、合意形成したことに対して主体的に取り組もうという意欲をもたせることが重要である。また、その前提として大切なのは、自他のよさや可能性に気付き、それらを生かして協力し合える豊かな人間関係の構築である。生徒が自発的、自治的なホームルームづくりを実感できるよう、一連の活動を意識して指導に当たる必要がある。

入学（進級）の際のオリエンテーションにおいて、ホームルーム目標を考える活動

事前の指導と生徒の活動

（1）ホームルーム内の人間関係づくり
　①活動のねらいの確認
　　・互いを尊重し合うことの重要性の理解
　　・他者への思いやりを深め、共に生きる人間として豊かに成長しようとする態度の育成
　②複数の活動の実施
　　〈活動例〉
　　バースデーライン、パスタタワー（マシュマロチャレンジ）など
　③振り返り（本日の授業で感じたこと、考えたことなど）
　　・人間関係をよりよく形成するために大切なことは何かについて考える

（2）中学校（前年度）の「キャリア・パスポート」の振り返りを通した自己理解・他者相互理解
　①注意事項の確認
　　・グループでの意見交換に際しては、多様な考えや意見を受け入れ、尊重し合う雰囲気をつくるため、「相手の意見を否定しない」「話したくないことは話さなくてよい」といったルールを確認する。
　②中学校（前年度）の「キャリア・パスポート」を活用し、最も頑張ったことや自分の長所・短所、これからさらに伸ばしていきたいところなどをまとめる（個人作業：自己理解）
　③まとめた内容をグループで共有する（グループ作業：他者理解）
　④振り返り（活動を通じて感じたこと、考えたことなど）

（3）ホームルームの状況についての事前アンケート（放課後等の課題：1人1台端末の利用）
　　・現在のホームルームの雰囲気や不安に感じていること、クラスのメンバーに期待することなど

本時の活動

活動の開始

①ホームルームの状況についての事前アンケート結果の確認（全体）

②アンケート結果から読み取れるホームルームのよさや課題についての整理（グループ作業）

　・1人1台端末のデジタルホワイトボード機能等の活用も考えられる。

③議題の発表（提案）、確認

　・ホームルームの状況等を踏まえ、よりよいホームルームづくりに向けた今年度のホームルーム目標を設定する。

　　▶「他者の目が気になる」「協力・共同できない」など人間関係に関する課題が想定される。

活動の展開

④ホームルームの状況等を踏まえ、よりよいホームルームづくりに向けたホームルーム目標を検討し、合意形成を図る。（グループ作業→全体）

　▶生徒の実態にもよるが、「個人提案→ホームルームでの合意形成」を直接することが難しい場合は、「個人提案→グループ（小さな集団）での合意形成と提案→ホームルーム（大きな集団）での合意形成」のステップを踏むことが大切である。

　▶個人やグループの案のよさと課題を洗い出し、1つの案を選ぶのではなく、各案のよさを組み合わせて新たな案を生み出すことが重要である。

　・合意形成とは、全員の意思の統一という意味ではなく、実践内容についての合意形成であることに留意し、個々の考え方や意思、価値観等を相互に認め、尊重し合えるように指導することが大切である。（※安易な多数決によらない合意形成の活動過程や、少数意見を生かす話合い活動の経験を重視する）

　・合意形成の際には、校訓や学校教育目標等とも関連付けができ、高等学校卒業後の社会でも必要な資質・能力となるものかという視点から検討することも考えられる。

活動のまとめ

⑤本時の学びを振り返り、ホームルーム目標の実現に向け、これからの自分の行動や考え方、決めた目標の評価（点検）について考える。

事後の指導と生徒の活動

実践と振り返り

事後の指導として、以下の内容が考えられる。

・過去の「キャリア・パスポート」の振り返りやホームルーム目標を踏まえ、教育活動全体（学校外含む）を通して実現したい自己目標を設定する。

・ホームルーム目標の設定後は、ホームルーム活動や学校行事等での活動場面などにおいて、折に触れてホームルーム目標を確認する。

・学期の終わりなど、節目には自己目標やホームルーム目標の達成状況等について、「キャリア・パスポート」を活用して振り返りを行う。また、学期の初めには、前の学期の振り返りをもとに、自己目標・ホームルーム目標の見直しは必要ないか再検討を行う。

本実践における評価のポイント

ホームルームの課題を自分事として捉え、自分なりに意見をもって合意形成に臨めているか、また、合意形成したことに対して主体的に取り組もうとしているかなどについて確認する。

題材 「情報化社会におけるモラル」
SNSのよりよい使い方を考えよう

このような実態がありませんか？

- 友人とつながっていたいという思いを強く抱え、SNSに没頭してしまい、学習意欲の減退や生活習慣の乱れにつながっている。
- SNS上でのやりとりを起因とした人間関係のトラブルが起きており、学級生活・学校生活に悪影響が生じている。

このような生徒や学級を目指して

　携帯電話等の通信機器を利用したSNSによる人間関係のトラブルが少なくない。SNSなどのインターネットサービスとの関わり方について自分の考えを明確にもち、話合いを通してお互いの考えを共有する。この活動を通して、正しい関わり方や問題の対処法に対する考えを深め、情報モラルに関する意識の向上を促すことをねらいとしている。また、他者との関わり方の理解を深めることにもなり、学級内に良好な人間関係を築いていくことにもつながる。

SNSの利便性や問題点を学級で考える活動

事前の指導と生徒の活動

- 生徒の実態を把握するためにアンケートを行う。
  〔帰りの会〕（学級全体）
- アンケートの集計をする。
  〔放課後〕（学級活動委員会）
- 活動までの見通しを確認しながら、話合い活動の計画を立てる。
  〔放課後〕（学級活動委員会）
  - ▶必要に応じて、意見発表に使うワークシートやカード、付箋、SNSに関する事件の事例などを準備する。
- 本時の予告をする。
  〔帰りの会〕（学級全体）
  - ▶授業の意義を話し、携帯電話やスマートフォンを使用していない生徒やSNSを知らない生徒も意欲的に取り組めるようにする。

> **SNSについてのアンケート（例）**
> ①あなたはSNSを利用していますか。
> YES　　NO
> ②SNSは便利だと思いますか。
> YES　　NO
> ③SNS関係でいやな思いをしたことはありますか。
> YES　　NO
> ④SNSだけでつながっている人はいますか。
> YES　　NO
> ⑤SNSを使うときに気を付けていることはありますか。（自由記述）
> （　　　　　　　　　　　　　　）

本時の活動

活動の開始

①開会のことば
②学級活動委員の紹介
③本時のねらい及び題材の確認
④教師の話
　話合いの心構えやねらいの再確認など

活動の展開

⑤アンケート集計結果の提示
　アンケートの結果をもとに、SNSの利便性や
　問題点について、まずは個人で考える。
　▶調査結果については、生徒の個人情報の取扱いに注意
　　し、個人が特定されないよう留意する。
⑥意見交換（グループ等）
　小グループごとに、SNSの利便性や問題点について、
　自由に意見を交換する。
⑦意見発表（全体）
　小グループで話し合った意見を学級全体に発表する。

活動のまとめ

⑧意思決定
　SNSとの望ましい関わり方について一人一人が意思決定する。
⑨教師の話
　議論の過程で、よかったことを伝える。
⑩閉会のことば

> 3　本時のねらい・題材の確認（例）
> SNSは、とても便利で私たちの生活に欠かせないものとなっています。しかしその一方で、SNSを通したトラブルや事件なども発生しています。そこで、SNSの適切な使い方を一人一人が確認し、よりよい生活につなげていくため、今回のテーマを設定しました。

> 6　意見交換（留意点）
> 話し合う際には、生徒同士の距離を近づけ、より話しやすくするために机を一つにする。また、「ワールドカフェ」などの話合いの手法を用いることも話しやすくする工夫である。

> 6　意見交換（留意点）
> 議論が深まらない場合や、新しい視点を提示したい場合などは、SNSに関する事件の事例などを紹介し、自分たちが抱える問題とつながっていることに気付かせる。

> 8　意思決定（留意点）
> 「SNSを使わない」という安易な意見だけではなく、他者に気を使うような意見が出てくるはずである。コミュニケーションをSNSだけに頼るのではなく、直接的な会話や非言語コミュニケーションも大切にする姿勢をもたせるようにする。

事後の指導と生徒の活動

実践と振り返り

●意思決定した内容を実践する。
●学年集会等で、それぞれのクラスの生徒の取組をまとめたものを発表する。
　▶学校全体の取組としたい場合には、生徒評議会や生徒総会で提案し、学校全体で情報モラルを高めるための方法を考えるようにする。
●学校生活において、互いに気を使いながらコミュニケーションを図る。
●教育相談時に、それぞれの生徒が意思決定した内容を実践しているか振り返る。
　▶技術・家庭科や道徳科の指導とも連携させて情報モラルの意識を高める。

本実践における評価のポイント

①話合いの様子や意思決定した内容から、情報モラルが高まっているか確認する。
②教育相談時の面談を通して、学校生活において、他者との関わりを大切にしているか確認する。

家庭との関連

学校外での生活にも関わってくるので、保護者会や学級通信等を利用して、保護者の協力も得ながら指導していく。

題材 「自分の夢や希望」

「夢実現の時間割」を考えよう

このような実態がありませんか？

- 進路とは関係なく、良い成績を取ることができる科目を選択している。
- 目標や将来への展望がもてず、何を選択したらよいのか分からない。
- 自分事として捉えられず、他人任せになっている。

このような生徒やホームルームを目指して

　自分自身としっかりと向き合い人生設計をする中で、そこから逆算をして、今どのような学びが必要なのかを明確にすることが大切である。生徒が主体的に、個々の特性や興味・関心を生かして系統立てた科目選択ができるようにする。そして、生徒一人一人が自分の進路に希望をもち、お互いに進路に向けたよい刺激を与えられるようなホームルームの雰囲気を醸成する。

現在の学びを社会とつなげる活動

事前の指導と生徒の活動

（1）個人への指導

- ・なりたい自分や学びたいことを整理する。
- ・生徒が学ぶことについて、将来とのつながりや意義等を考える意識「学びのレリバンス意識*」をもつ。
  - ＊「学びのレリバンス意識」については、「キャリア教育に関する総合的研究　第二次報告書」（国立教育政策研究所生徒指導・進路指導研究センター　令和３年10月）P121詳細参照。
- ・科目の内容や系統性を知り、学びの連続性や社会とのつながりを考える。
- ・進路について保護者に相談する。

（2）クラス全員への指導

- ・高校卒業後の５年後、10年後などのスパンで、社会の中での自分の役割を意識するなど、人としての在り方生き方について考える。
- ・進路指導部主催の講演会やガイダンスにより自分の進路を意識する。
- ・インターンシップやオープンスクールに参加する。
- ・上級生からの体験談（科目を選択した理由、学んだ感想等）を参考にする。

本時の活動

活動の開始

①本時のねらい（題材及び意義）を確認する。

・職業ごとに、求められる資質・能力を考える。

・各自が自分の進路を考え、「夢実現の時間割」を考える。

活動の展開

②個人活動→グループ活動（3〜4人グループ）

・いくつかの職業について、求められる資質・能力を考える。

➡ その職業に就くために、必要な知識・技能・資格などを調べ、求められる資質・能力を考える。

▶【指導上の留意】生徒の実態に応じて個人活動→グループ活動の時間配分を適切に行う必要がある。個人では気付くことができない資質・能力や時間割の内容を他者から聞くことで視野を広げ、より多くの選択肢をもつ機会となる。また、個人案では発表をためらう生徒もグループ案に昇華することで発表しやすくすることにもなる。

▶【指導上の留意】グループ案は、個人案の1つを選択するのではなく、個人案のよさを組み合わせてグループとしての新たな案を練り上げる過程を大切にしたい。

・課題となる点や悩みそうなポイントを整理する。

・ホームルーム全体への発表方法を考える。

③ホームルーム活動

・各グループで考えたモデルプランを、ICTを活用してホームルーム全体に発表する。

・出そろったモデルプランを集約し、類型ごとにまとめる。

・課題となる点や悩みそうなポイントについて意見交換を行う。

・モデルプランを整理することにより、科目選択と職業とのつながりを「見える化」する。

活動のまとめ（個人活動）

④生徒自身が「学びのレリバンス意識」をもち、自分の将来と科目選択をつなぎ、「夢実現の時間割」を作成（意思決定）する。

事後の指導と生徒の活動

実践と振り返り

●「夢実現の時間割」作成後の活動として、以下のことが考えられる。

・選択した科目を学ぶための準備をする。

・進路実現から逆算し、今後の学校生活をどのように過ごすのかを目標を立てて考える。

・アカデミック・インターンシップに参加する。

本実践における評価のポイント

・自尊感情をもち、キャリア・プランニングを通して社会の中での自分の役割を意識することができた。

・自分の将来と科目選択をつなげることにより、「夢実現の時間割」を作成することができた。

議題 「仕事の役割分担やルール」

係活動を充実しよう

このような実態がありませんか？

- 役割分担が決まっても、自発的な活動には至っていない。
- 役割分担の活動内容・方法について理解しようとしない。
- 友人の活動を見ているだけで協働できない。
- 活動内容に創意工夫が見られず、停滞している。

このような生徒や学級を目指して

　学級の役割分担を行うことの意義を理解し、自ら仕事を見いだすとともに、工夫して学級活動を自主的で豊かにしようとする生徒の育成をねらっている。本テーマからそれぞれの生徒が、責任をもって自分の役割を果たしたり、自分たちの発想を生かした創意工夫ある活動を見いだしたりして、自己有用感や所属意識を感じられるようになることを目指している。また、他の生徒と協力し合って、学級生活の向上を考え、円滑で活発な係活動が展開できる学級を目指す。

自己評価を生かして、各係活動の課題とその解決策を考える活動

事前の指導と生徒の活動

- 自己評価表を用いて、自己の係の活動状況について振り返る。

〔帰りの会〕（全員）

- 自己評価の結果を係ごとにまとめ意見交換を行う。

〔帰りの会〕（全員）

　▶自己評価の結果から課題を明確にする。
- 係ごとの活動上の課題を集約して、議題を選定する。

〔昼休み〕（学級活動委員会）

　▶学級活動委員（各係長を含む）は全体的な傾向だけでなく、生徒一人一人の考えや意見をできるだけ把握する。
　➡事前に一人一人の活動意欲や係活動に取り組む姿勢を把握することは、活動を活発にしたり、創意工夫ある活動に高めたりするために重要である。本時で係ごとに具体策を話し合う際、係長が一人一人の考えを十分につかんでいることで、より有効な相談が可能になる。
- 本時の流れ、提案理由や司会者等を決め、計画を立てる。

〔放課後〕（学級活動委員会）

- 本時の予告をする。

〔朝の会〕（学級全体）

本時の活動

活動の開始

①問題意識の共有化を図る。（学級全体）
  ▶各係の自己評価の集計結果を黒板に掲示する。
  ▶本時の題材を確認する。

活動の展開

②自己評価の集計結果を基に話合いを行う。
  係ごとの話合いでは、各係長が学級活動委員会の一員として進行を行い、各係活動の現状と課題について合意形成を図る。
  ▶活動内容や方法の再検討を始め、係活動を創意工夫できるように具体的な意見を引き出し、係ごとの合意形成につなげる。

活動のまとめ

③係ごとに合意形成を図る。
  （例）"○○係宣言"
  ▶目指す学級生活づくりに向けた係活動の充実のために、「○○係宣言」をもとに自分でできることを考えて各自が意思決定する。

生徒の役割分担

学級活動委員会
　・全体司会　　・提案理由の発表
各係長
　・小グループの司会

提案理由への質疑応答が話合いの成否の鍵

生徒にとって、係活動の意義の理解が不十分であると、自分の係の活動内容・方法を具体的にできず、活動が低調になり、自分の役割分担に自己有用感や所属意識を感じられず、意欲を失ってしまう。提案者や司会が、生徒に自分の係活動の評価に対する心境を語らせることで、問題意識の共有化が図られ、本時の課題解決に向けての回答に直結する。

決定事項

● 自分の考えを生かしてみんなに役立ち、喜んでもらえる活動内容・方法を工夫し、用紙にまとめて発表する。（下図）

```
              ○○係宣言
○○係は
┌─────────────────────────┐
│                         │
└─────────────────────────┘
に取り組みます。
```

事後の指導と生徒の活動

実践と振り返り

● 自分たちの決めた具体的な活動内容・方法に従って、役割を実践する。
  ▶朝の会や帰りの会の時間や掲示物を利用して、必要な連絡や協力依頼を活発に行う。
● 年間指導計画に沿って、次の活動につなげる。
  ▶活動状況について、適宜振り返る。
  ▶係活動は生徒の協力が必要である。その意味で学級における生徒同士の望ましい人間関係を日頃から構築しておくことが大切である。

本実践における評価のポイント

学級の課題について、自分自身の問題と受け止め、日頃考えていることを積極的に発表したり、他の意見をしっかり聞き、自分の考えと比較したりして、主体的に話合い活動に取り組んでいるかどうかを確認する。

題材 「種々の災害時の安全」
地域防災について考えよう

このような実態がありませんか？

● 災害による被害を身近なものとして実感できていない。

● 避難訓練時に真剣に取り組もうとしない。

● 災害時に高校生として果たす役割が認識できていない。

● 災害時に家族や地域の人々のために自分にできることは何かを考えることができていない。

このような生徒やホームルームを目指して

　東日本大震災や近年各地で起こる地震・豪雨等の教訓から、日頃から自然災害等に対しての心構えをもち、適切な行動が取れる力を育むことの重要性はますます高まっている。生徒が自らの命と安全を守る力を身に付け、危険を予知できる力や的確に行動できる力を高めるとともに、自分たちが地域の一員であることを自覚し、「自助・共助」という視点から、自己の安全を確保するだけでなく、家族や地域の人々を守り助けるために、自分たちに何ができるかを考える力や態度を育むことが求められる。

避難訓練の振り返りを通して、改めて自分たちにできることは何かを考える活動

事前の指導と生徒の活動

〈近隣幼稚園との合同避難訓練
（学校行事：健康安全・体育的行事）〉

> 事前に、東日本大震災に関する講演や映像資料等を通して、自然災害等に対する心構えをもつことの重要性を認識することも効果的である。
> （例：「津波てんでんこ」や「釜石の奇跡」等）

（1）注意事項及び避難経路の確認（クラス単位）

①合同避難訓練のねらいの確認

　・防災意識の向上を図る。（自然災害等に対する心構えをもつ、自らの判断で自らの命を守る等）

　・安全・安心な社会づくりに貢献する態度（共助の心）を育てる。（地域社会の一員として責任ある行動を取ろうとする、地域の安全活動へ積極的に参加しようとする等）

②注意事項等の確認

　・避難場所への移動は、交通ルールを守り、安全を確認しながら避難する。

　・避難の際は、途中、危険箇所はないか、どのような困難が予測されるか、本当にこの経路で安全か等を意識して行動する。

　・見通しを持たせるため、翌日のホームルーム活動で事後の反省・まとめを行うことを予告する。

③地図上で避難経路の確認

（2）合同避難訓練（学年単位または全校）

①緊急地震速報、訓練放送、避難放送

②グラウンドへの避難行動、点呼・安否の確認

③津波警報発令、避難場所への避難行動（途中、近隣幼稚園児を迎えに行く）、点呼・安否の確認

④消防署・警察署職員による指導・講評

（3）振り返りシートの記入（クラス単位：個人作業）

〈項目例〉・避難訓練全体を通じて感じたこと、考えたこと
　　　　　・避難の際の危険個所と想定される危険（その理由を含む）
　　　　　・避難経路の妥当性と改善点（その理由を含む）
　　　　　・災害時に私たちにできること

本時の活動

活動の開始

①本時のねらい（題材及び活動の意義）を確認する。
　・日常及び災害時の安全確認に向けた正しい情報を収集し、理解する。
　・自然災害に対して必要な心構えや適切な行動について考える。
　・地域の安全・安心な社会づくりに積極的に貢献しようとする。

活動の展開

②事前に実施した合同避難訓練の振り返りシートの内容をグループで共有する。（グループ作業）
　・避難訓練を通じて感じたことや考えたこと、避難経路や避難訓練の改善点等について、グループ内
　　で出された意見の共通点や相違点などを、マッピング等を用いて整理する。
③各グループで整理した内容をクラス全体で共有する。（一斉）
　・ICTを活用して発表資料をまとめ、代表者が発表する。
④避難経路や避難訓練の改善点について、クラス内で出された意見をまとめる。

活動のまとめ

⑤本時の学びを振り返り、他者の考えも参考にしながら、これからの自分の行動や考え方について意思
　決定する。（個人作業）

事後の指導と生徒の活動

実践と振り返り

事後の学習として、防災を自分事としてさらに意識できるよう、
　・登下校や自宅で被災したことを想定して、留意点や取るべき行動について考える取組
　・「避難所運営ゲーム」を通して、被災後（災害後）に自分たちに何ができるかを考える取組
　・「地域のハザードマップ」づくり（地理総合や総合的な探究の時間との連携）を行う
ことなどが考えられる。

本実践における評価のポイント

評価に当たっては、防災意識は高まったか、安全・安心な社会づくりに貢献しようとしているかなどについて確認する。その際、生徒の自己評価や生徒間の相互評価、合同避難訓練を行った幼稚園児の保護者や幼稚園教員の感想等の他者評価を参考にすることも考えられる。

題材 「学ぶことと働くことの意義」

人は何のために働くのか考えよう

このような実態がありませんか？

● 職場体験活動の報告会の視点が現在に偏っていて、過去・現在・未来という視点で捉えることができていない。

● 「キャリア・パスポート」を活用して、自らの学習状況やキャリア形成を見通したり、振り返ったりする活動が十分にできていない。

このような生徒や学級を目指して

　職場体験活動などの勤労観・職業観に関わる啓発的な体験は、生徒の心を育て、自己の生き方についての考えを深め、自己実現を図ろうとする態度を育む機会になるとともに、学級集団はもとより学年や全校の集団を育成し、よりよい人間関係を形成する上でも効果的な場となる。事後の体験報告会に向けて、「キャリア・パスポート」を活用することで、生徒は自らの学習状況やキャリア形成を見通したり、振り返ったりすることができるようにし、過去から未来への広い時間軸で体験を捉えられるようになることを目指す。

過去と未来の自分と対話を通して人が働く理由について考えを深め、行動につなげる活動

事前の指導と生徒の活動

「キャリア・パスポート」への記入（小学校5年生の例）

● 小学校5年生の秋に「人は何のために働くのか」について、自分の考えを「キャリア・パスポート」に記入する。

　▶ 職場見学を実施した場合は、見学後に記入し、その学びを中学校につなげたい。

小学校5年生
「キャリア・
パスポート」

「キャリア・パスポート」への記入（中学校2年生）

● 職場体験活動の事後に行う学級活動で、体験をもとにして、「人は何のために働くのか」について話合い活動を行う。

　▶ 教師は、社会の変化や要請も視野に入れ、各教科等の学習と関連付けながら話合い活動を進めるよう指導する。

● 自分なりの答えを見つけ、「キャリア・パスポート」に記入する。

中学校2年生
「キャリア・
パスポート」

本時の活動

活動の開始

①職場体験活動報告会に参加する小学校５年生の考えを知る。

- ・本時の題材について確認する。
  「参加する小学校５年生が、働くということについて、どのような考えをもっているか知るためにはどうしたらよいか。」
- ・司会を決め、グループで話合い活動を行う。
  「小学校５年生にインタビューをする」
  「アンケートをとる」
  「自分たちが３年前に書いた『キャリア・パスポート』を見返す」

活動の展開

②「キャリア・パスポート」の内容を比べ、自らの成長を実感するとともに、報告会に参加する小学校５年生へのメッセージを考える。

- ▶２色の付箋紙（赤と青）を準備する。
- ・赤には「小学校５年生で記入した文章」を、青には「中学校２年生で記入した文章」を、各自が転記する（無記名）。
- ▶教師が付箋紙を回収する。
  教師は、生徒のプライバシーや個人情報保護に関しても適切な配慮を行う。

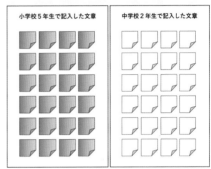

模造紙に付箋紙を貼って全体に示す

- ・黒板に模造紙を２枚貼り、１枚には赤の付箋紙を貼り、もう１枚には青の付箋紙を貼る。
- ・学級活動委員が司会をし、話合い活動で自分たちの成長や変容について意見を出し合いまとめる。
- ▶教師は、生徒の自主的、実践的な活動を促すように心がける。

活動のまとめ

③結果を踏まえて、職場体験活動報告会に参加する小学校５年生に伝えたいメッセージを各自が考え、提案カードに記入する。

- ・職場体験活動報告会では、発表グループごとに、提案カードの内容を整理して、最後に伝えるようにする。

事後の指導と生徒の活動

実践と振り返り

事後の学習では、３年後に自分が記入する「キャリア・パスポート」の内容を考え、これからの行動を意思決定する活動を行う。

- ●職場体験活動報告会後の学級活動で、いまから３年後の自分（高校生または社会人）が同じ質問にどのように答えるかについて話し合い、そのように答えられるためには、これからどのような経験が必要かについて考え、「キャリア・パスポート」に記入する。

「キャリア・パスポート」に記入欄がない場合は、職場体験活動の振り返りの記入欄に記入する。

本実践における評価のポイント

学級活動（３）一人一人のキャリア形成と自己実現は、一人一人の主体的な意思決定に基づく実践活動にまでつなげることをねらいとしている。そのため、さらに３年後の気付きに向けて、どのような実践活動が必要かを考えることは重要である。教師は、生徒が集団の中で、現在及び将来の自己の生活の課題を発見し、よりよく改善しようとする「自己実現」の視点をもって、振り返っているかどうかを確認しながら評価につなげたい。

題材 「働く目的と意義」

なぜ働くのかを考えよう

このような実態がありませんか？

- 自分と大人とを比較したり、将来の職業に就いて生活している自分の姿をイメージしたりすることが難しい。
- 職業講話や職業体験等の活動に熱心に取り組むが、それを自分の将来と結び付けて考えることが難しい。

このような生徒やホームルームを目指して

　若者の勤労観・職業観を育成するためには、高校生の時期に多様な社会での役割や職業及び職業生活について理解し、人は何のために働くのかを考えることが大切である。卒業生の講演会を通して、「働く」ことの目的と意義について話し合い、基礎的・汎用的能力との関連や、今の学びが将来職業に就いて働くことに結び付いていることなどに気付くようにする。

働く目的と意義を考え、今の自分と将来をつなぐ活動

事前の指導と生徒の活動

- 学校行事として、本校の卒業生を招き、講演会を実施する。
  - ・講演会を聞く前に、生徒自身の「なぜ働くのか？」という問いに対する考えをまとめる。
  - ・人数や時間によるが、多様性の観点からできる限り複数の職種の方から話を聞くことができるように設定する。
    （事前の打合せで、講演をする方に「なぜ働くのか？」の問いに対して、自分自身の考えを話してほしいと伝える）
  - ・誰の話を聞くかについてはアンケートをとり、状況に応じて調整する。
  - ・講演会では、何か質問したいことを考えながら聞くように指導する。
    （受け身ではなく考えながら聞くことができる）
  - ・見通しを持って活動できるように、「本時」「事後」などの活動計画表を配布する。
  - ・インターンシップを実施する場合は、事前に講演会を実施するなど、期間を適切に設定する。
  - ・事後の活動につなげるために、振り返りシートなどを準備する。

本時の活動

活動の開始

①本時のねらい（題材及び活動の意義）を確認する。
  - ・働く目的と意義を考え、グループで共有する。
  - ・働く目的は、人によって違いがあるのかを考える。
  - ・働く目的を通して、自分の価値観を知る。
②本時の活動の流れを確認する。

③4〜6名程度でグループになり、講演会で聞いた内容を共有する。
　・リーダーを決め、司会をやってもらい、グループで共有する。
④リーダー以外は、別のグループに移動し、他のグループで共有された内容を収集する。
　（ワールドカフェのような形式を活用してもよい）
　・リーダーは、元のグループで出た内容を新たなメンバーに説明する。
⑤元のグループに戻り、収集した内容を共有する。
　・ワークシートを活用して、気付いたことを記録する。
⑥共有した内容を基に、「あなたはなぜ働くのか」という
　質問に対して、自身の考えと理由をまとめ、順位付けを
　する。
　・事前学習時に記入した「なぜ働くのか？」の回答と事
　　後のまとめを比較する。
⑦グループで、選んだ順や理由について共有する。
⑧クラス全体で感じたことや考えたことを話し合う。

・お金のため
・社会に貢献するため
・自分の個性を生かすため
・地位を高めるため
・自分を成長させるため
・仕事だけでなく自分の時間も大切
　にしたい
・家族を養うため
・その他（　　　　　　）

活動のまとめ

⑨これからの目標を決定し、振り返りを書く。
⑩本活動で学んだこと、意思決定したことで将来につなが
　ることをまとめる。

学校行事等との連携

事後学習として、インターンシップ
等を行い、学校全体としてのキャリ
ア教育の充実を図る。

事後の指導と生徒の活動

実践と振り返り

①意思決定したことを意識して、日常生活の中で実践する。
（例）＊将来○○になるために……
　・やり始めたことは最後までやるようにしよう。
　・友達や周りの人に優しくしよう。
②振り返りカードを書き、実践の過程や成果を振り返る。

本実践における評価のポイント

本時の活動では、話合いの様子や振
り返りシートの記入内容から、勤労
や職業について自分のこととして考
えているかを評価する。事後は、意
思決定した内容に基づいた実践の過
程を評価し、生徒が自分の成長や努
力に気付くことができるようにする。

題材 「学ぶことや働くことの楽しさと価値」

インターンシップでの学びを学校生活に生かそう

このような実態がありませんか？

- ●「働くこと」のやりがいや価値に気付いていない。
- ●働くために必要な力が具体的にイメージできていない。
- ●「働くこと」と「学校生活や授業で学ぶこと」の間につながりを見いだせていない。

このような生徒やホームルームを目指して

　生徒が、将来直面する様々な課題に柔軟かつたくましく対応し、社会的・職業的に自立していくためには、生徒一人一人が学ぶことや働くことについて考え、それらの結び付きを理解していくことで、多様な他者と協働しながら、自分なりの人生をつくっていく力を育むことが必要である。また、インターンシップの振り返り活動を通して、現在の学習が将来の社会・職業生活の基盤になることを実感するとともに、他者の考えにも触れながら自己の将来に関する考えを深めるようにする。

インターンシップの振り返りを通して、働くことと学ぶことの結び付きについて考える活動

事前の指導と生徒の活動

（1）職業人講話

①ねらいの確認
- ・学校における個々の学習が、それぞれのキャリア形成につながっていくことに気付く。
- ・仕事を通じて社会の中で役割を果たし、自立して生きていくことの意義を考える。

②職業人講話
- ・卒業生を含む地域や実社会で活躍する方々（複数名）による講話
（事前に講師とねらいの共有を行い、講話の中で「働くこと」と「学校生活や授業で学ぶこと」のつながりや、仕事を通じて社会の中で役割を果たすために必要な力などについて触れてもらう）

③振り返り

（2）インターンシップ〔学年単位：学校行事（勤労生産・奉仕的行事）〕

①インターンシップガイダンス
- ・インターンシップのねらいの確認
- ・希望体験場所と選定理由をまとめる
- ・インターンシップ実施に当たっての注意事項の説明

②「働くことに関して考える」事前アンケート
（放課後等での課題：一人一台端末の活用）
インターンシップに向けて、「働くこと」について事前の具体的なイメージをもつとともに、インターンシップ後に生徒自身や教師が変容を確認するための比較材料とする。

文部科学省 初等中等教育局児童生徒課 事務連絡（平成31年3月29日）「キャリア・パスポート」例示資料等について より

≪項目例≫
 ・「働くこと」にどのようなイメージをもっているか
 ・インターンシップを通じて得たいこと　など
③インターンシップ（3日間）
 ・実施後、「働くことに関して考える」事前アンケートの内容項目に関する自身の変容や感想等を「キャリア・パスポート」にまとめる。

本時の活動

活動の開始

①本時のねらい（題材及び活動の意義）を確認する。
 ・現在の学習が将来の社会・職業生活の基盤になることや、自己の将来に関する考えを深めることの大切さを理解する。
 ・インターンシップを振り返りながら、自己を見つめ、新たな学習に取り組もうとする。

活動の展開

②「働くことに関して考える」事前アンケートの集計結果をホームルーム全体で確認する。（一斉）
③「キャリア・パスポート」を活用し、インターンシップの振り返りをグループで共有し、自己や他者の変容を確認するとともに、「将来、働く上でどのような力が必要か」について考える。（グループでの話合い）

> ▶必要に応じて、チームワークや前向きに考える力、実行力など、具体的な「力」の例を示すことも考えられる。

④「将来、働くために必要な力の育成に向け、今後、学校生活でできること」について考える。（グループでの話合い）
⑤各グループで整理した内容をホームルーム全体で共有する。（一斉）
 ・ICTを活用して発表資料をまとめ、代表者が発表する。

活動のまとめ

⑥本時の学びを振り返り、他者の考えも参考にしながら、これからの自分の行動や考え方について意思決定する。（個人作業）

事後の指導と生徒の活動

実践と振り返り

事後の活動として、以下の内容が考えられる。
・ホームルーム代表による「インターンシップ報告会」
（同学年、下級生、インターンシップ関係者、保護者、近隣中学生を対象）
・ホームルーム活動で意思決定した内容について、以降の学校生活で実践できたかどうかを、学年末に振り返る。

本実践における評価のポイント
評価に当たっては、働くことと学ぶことの結び付きについて考えることができているか、インターンシップでの学びを学校生活に生かそうとしているかなどについて確認する。また、その際、生徒間の相互評価等を参考にすることも考えられる。

議題　「学級生活の諸問題の解決」
学級生活を点検しよう

このような実態がありませんか？

- 生徒が自ら学級生活の問題を発見し、解決に向けて自主的に考えようとする習慣が身に付いていない。
- 学級目標が教室に掲示してあるだけで、目標を意識した活動や実践について振り返ることがない。

このような生徒や学級を目指して

　学級や個々の生活で起こる諸問題に気付き、それらの改善を図る生徒の活動は、集団活動を通してこそ実現される。本時は学級づくりの途上段階において、改めて学級目標の達成状況を振り返る必要性から議題を設定した。このような話合い活動を定期的に行うことにより、自分たちの問題を自分事として捉え、自分たちで解決しようとする態度や望ましい学級風土（文化）が醸成される。また、自分なりの意思をもって合意形成に臨むことで、合意形成したことに対して主体的に取り組もうという意欲をもち、実践することが期待できる。

学級目標の実現状況を振り返り、よりよい学級生活のために話し合う活動

事前の指導と生徒の活動

- 学級活動委員会で本時の目的を話し、活動までの見通しを確認しながら話合い活動の計画を立てる。
　　　　　　　　　　　　　　　　　　　　　　　　　　　　　　　〔放課後〕（学級活動委員会）
- それぞれの生徒が学級目標を達成するために行動できたかどうかを調べるアンケートを行う。
　　　　　　　　　　　　　　　　　　　　　　　　　　　　　　　　　　　〔帰りの会〕（学級全体）
　▶一人一人の意思を反映させ、課題を自分事として捉えることができるような活動の過程にする。
- アンケート結果を集計し、「学級平均値グラフ」を作成する。
　　　　　　　　　　　　　　　　　　　　　　　　　　　　　　　〔放課後〕（学級活動委員会）
- 「学級平均値グラフ」から、学級で話し合う内容を決定する。
　　　　　　　　　　　　　　　　　　　　　　　　　　　　　　　〔放課後〕（学級活動委員会）
　▶集計結果を「学級平均値グラフ」として視覚化することで、話し合うべき内容を分かりやすくする。
- 本時の予告をする。　　　　　　　　　　　　　　　　　　　　　　　〔帰りの会〕（学級全体）

本時の活動

活動の開始

①開会のことば
②学級活動委員の紹介
③議題の発表（提案）・確認
　アンケート調査の結果を報告し、学級の課題を提示する。
　・学級目標が達成できた、できなかったと抽象的な話合いにならないように、具体的に何ができたのか、できなかったのかを確認する。例えば「チャイム着席ができていないなど、時間が守れない」や「清掃の役割分担が偏っている」など、協力体制が築けていないことなどが想定される。
④教師の話
　議題の提案理由の意識づけ
　教育課程上変更不可能なものの説明等

> 3　議題の発表・確認（例）
> 私たちのクラスは、学級に所属するメンバーが互いによりよくなるために、学級目標をつくりました。様々な行事を経験して学校生活に慣れてきましたが、学級目標を達成するために行動できていませんでした。そこで、これまでの取組を見直して、自分たちで行動できるようにするために、提案しました。

⑤話合い

　学級生活を見直すための方策を話し合う。一人一人が学級の問題を自分事として捉え、話合いに臨むようにする。

　▶生徒の実態にもよるが、「個人提案→ホームルームでの合意形成」を直接することが難しい場合は、「個人提案→グループ（小さな集団）での合意形成と提案→ホームルーム（大きな集団）での合意形成」のステップを踏むことも考えられる。

　▶個人やグループの案のよさと課題を洗い出し、１つの案を選ぶのではなく、各案のよさを組み合わせて新たな案を生み出すことが重要である。

　▶少数意見を生かし、安易な多数決によらない合意形成に向けた指導を大切にする。

　▶意見を出しやすくするために、学級会ノートやワークシートを活用する。意見が出にくいときは近くの生徒と話して意見をまとめる時間を設けると効果的である。

　▶教員は、話合いが停滞していたり、論点がずれていたりするようなときは、必要に応じて指導や助言を行う。

> 5　話合い（例）
> 今回は、「学級平均値グラフ」の結果から、平均値の低かった学級の取組２「１年○組は、決めたことは最後まで取り組むことができる」と、個人の取組３「私は自分の意見をはっきり言うことができる」について話し合うようにします。

活動のまとめ

⑥決定事項の確認

⑦感想記入・発表

⑧教師の話

　議論の過程で、よかったことを伝える。

⑨閉会のことば

> 6　決定事項の確認（例）
> 学級の取組２について
> 「一度決めたことにはあきらめずに取り組もう。」
> 「みんなで声をかけあって物事に取り組もう。」
> 個人の取組３について
> 「話合い活動の時には、自分の考えや意見を２回以上言うようにしよう。」

事後の指導と生徒の活動

実践と振り返り

- 話合いで決めた内容を実践していく。
- 学校行事の際に、学級目標を意識して取り組むよう指導をする。また、学校行事の後に振り返りをする。
- 学級の一人一人が目標を意識して生活できているか確認する。
- 定期的に、学級目標を達成するために取り組めているか話し合い、実践を考える。
  - ▶PDCAサイクルを活用し、自分たちで学級をよりよくしようという意欲が高まるよう促す。

本実践における評価のポイント

①話合いにおいて、活動意欲が高まっているか確認する。

②学級目標が達成できるような実践となっているか確認する。

③話合いで決めた内容を実践できているか確認する。

題材 「男女相互の理解と協力」
男女の協力について考えよう

このような実態がありませんか？

- 男女で協力して活動することを避ける傾向が見られる。
- 男女の身体面や精神面の違いを理解していない発言が聞かれる。
- 異性に対する関心があり、相手によく思われたいと考えているが、意に反する行動をとってしまう。

このような生徒や学級を目指して

　中学生・高校生の時期は、一般的に異性に対する関心が高まるが、生徒の心身の発達には個人差が大きく、意識的に避けたり、逆に関心を誘ったりするような態度をとることも多くなる。そこで、本テーマを設定し、男女の特性やそれぞれの個性について生徒同士が意見を交流する活動から、異性に対する理解が進むことで、互いを尊重し協力できる関係について実践的な態度を養う。

男女が協力できる学級を目指して、互いについて語り合う活動

事前の指導と生徒の活動

- 男女の協力について、生徒の意識を確認する。
  - ・アンケート調査を実施して、学級内での男女の協力について把握する。　　　　　〔帰りの会〕（全員）
- アンケート結果を基にして、解決すべき題材を決定する。　　　　　　　　　　　　　　〔朝の会〕（全員）
- 学級活動委員会を実施し、活動の計画を立てる。　　　　　　　　　〔放課後〕（学級活動委員会）
  - ・アンケート結果と委員の意見により、話し合う内容や流れを考える。（活動テーマの設定）
  - ▶アンケート結果の提示については、分かりやすいように模造紙にグラフ化して準備をする。
- 本時の予告をする。　　　　　　　　　　〔朝の会〕（全員）

男女の協力に関するアンケート

2年〇組　[男 ・ 女]

① 男女の協力は必要だと思いますか。
　ア．思う
　イ．少し思う
　ウ．あまり思わない
　エ．思わない

② あなたは、男女で協力できていると思いますか。
　ア．思う
　イ．少し思う
　ウ．あまり思わない
　エ．思わない

③ ②で答えた理由を書いてください。

・他者の目が気になる（4）
・相手にどう思われるか不安（4）

男女の協力に関するアンケート

男女の協力の必要性は、ほぼ全員が感じている。一方、他者の目が気になったり、相手にどう思われるか不安を感じたりして、素直に男女の協力や共同ができない時があると回答した生徒が存在した。

男女の協力は必要だと思いますか。

2 / 13 / 5 / 15

■思う
■少し思う
■あまり思わない
■思わない

男女で協力できていると思いますか。

4 / 9 / 8 / 14

■思う
■少し思う
■あまり思わない
■思わない

アンケート結果の例（円グラフで表示）

本時の活動

活動の開始

①本時の題材と活動内容を知る。

②アンケート結果を確認する。

・現在の学級の状況を共有する。

・男女の「協力」の大切さを認識する。

・男女の協力に関する学級の課題を知る。

※議長（全体進行）と記録係を決めておく。
（1）付箋の内容を見てどのように考えますか。
（2）男女の「違い」はどんなことだと思いますか。

活動の展開

③男女の協力について気付いたことを各自で付箋紙に記入する。

・黒板に貼り、議長が意見を紹介する。

④男女の協力に関する課題を考える。

班に分かれて話合い活動を行う。【小グループ】

・黒板に貼られた意見を基に、話合いを進める。

・各班より話合いの結果を報告する。

・男女の協力に関する課題を確認する。

⑤男女が協力していくためには、一人一人がどのような点に気を付けなければよいのか話し合う。【学級全体】

・班活動や清掃活動などの具体的場面を想定する。

・多くの生徒が発表できるようにする。

> 学級の一人一人が、互いのよさや可能性を生かし合える人間関係や雰囲気（学級文化）をつくっていくことの大切さに気付くことができるようにする。

活動のまとめ

⑥実践目標を設定する。

・本時の話合い活動により、男女が互いに尊重し協力することについて考えをまとめる。

⑦意思決定をする。

・学校生活で実践していきたいことを意思決定し、ワークシートに記入する。

事後の指導と生徒の活動

実践と振り返り

●清掃活動や給食の配膳等の様子を観察して、学級の一人一人が、互いのよさや可能性を生かし合える人間関係や雰囲気（学級文化）をつくっているかどうかを確認する。

▶班ノートを活用し、互いにコメントを書くようにして、男女の理解が進むように取り組む。

●学級活動２（ウ）「思春期の不安や悩みの解決、性的な発達への適応」への関連について考える。

本実践における評価のポイント

①話合い活動を通じて男女で協力していく意欲が高まったか見取る。

②自分自身の具体的な行動を考えられたかを確認する。

③学級の一人一人が、互いのよさや可能性を生かし合える人間関係や雰囲気（学級文化）をつくっていくことの大切さに気付くことができたか確認する。

議題 「学校生活の向上」

文化祭のホームルーム企画を決定しよう

- 特定の生徒だけが意見を出し、賛成・反対もなく話合いにならないうちに決定してしまう。
- 話合いの中で発言できず、ホームルームが終わった後に担任に意見を伝えてくる。
- 発言はあるが、見通しがなく発展性や創造性が感じられない。

このような生徒やホームルームを目指して

　ホームルーム活動では、互いのよさや可能性を生かし合う話合い活動や実践活動を大切にしたい。それらの経験はホームルームにおける支持的風土（共感的な人間関係）づくり、ひいてはホームルーム経営の充実につながっていくと考えられる。

　一方で、他者からどう思われるかを過剰に意識したり、自分の意見が他者に受け入れられないのではないかと不安を感じたりして話合い活動が活発にならない場合もあるだろう。

　そこで、本事例では、他者の考えのよさを受け入れながら、安易な多数決によらない合意形成をねらっている。

　事後には、本時で経験した学習過程や他者の意見から、自分の役割や責任を深く考える活動につなぐ。

役割分担を明確に（視覚化）し、各自が自分の役割を理解して全員が当事者意識をもてる活動

事前の指導と生徒の活動

（1）リーダーへの指導
- ・全員が参加して取り組むための工夫や手立てをホームルーム活動委員会で話し合う。
- ・情報の共有や視覚化を行う。
- ・情報機器を活用し、共有内容に誤解や漏れのないように努める。

（2）ホームルーム全員への指導
- ・文化祭のホームルーム活動の意義を考え、文化祭が生徒主体の活動であることを理解する。
- ・目標となるホームルームのテーマを設定し、テーマに沿って意見を出し合い、ホームルーム企画を考える。
- ・一人一人の意見や考え方のよさを認め合い、活動計画を立てる。
- ・ホームルームで決めたことは尊重し、決定事項に対しては否定的にならずに実現を目指す。

本時の活動

活動の開始

①本時のねらい（議題及び意義）を確認する。
- ・議題に沿ったホームルーム企画を決定する。
- ・各自が自分の役割を理解し、ホームルーム全員で文化祭を作り上げる。

活動の展開

②グループ活動（3〜4人グループ）
- ・個人の提案からグループ案に練り合う。
- ・グループ案を1つに絞り込む。
- ・ホームルーム全体へのプレゼン方法を考える。

③全体活動
- ・各グループ案を、ICTを活用してホームルーム全体にプレゼンする。
- ・各グループ案のよさと課題を出し合う。
- ・1つのグループ案を選択するのではなく、各グループ案のよさを組み合わせてホームルーム企画を生み出す。
- ・安易な多数決によらない合意形成に挑む。
- ・出そろった意見を集約し、内容を整理してホームルーム企画を決定する（合意形成）。
- ・合意形成したホームルーム企画に対して、どのような役割が必要か整理する。

④役割チーム活動
- ・役割分担したチームごとに、当日に向けた話合いを行う。
  （予算、購入先、作成するもの、装飾、完成イメージなど）
- ・話し合ったことをホームルーム全体に報告・共有する。
- ・横の連携を確認し、必要な調整等について、チームで話し合う。

活動のまとめ

⑤生徒一人一人が自分の役割を再確認し、今後の活動予定のスケジュールの中で、自分のなすべきことを考える。
- ・安易な多数決によらない合意形成をする。
- ・学習過程から自分の役割と責任を自覚する。

事後の指導と生徒の活動

実践と振り返り

- ●文化祭実施後の活動として、以下のことが考えられる。
  - ・事後アンケートによる自己評価と振り返り。（自己理解）
  - ・ホームルームメイトの新たな一面への気付きの共有と生徒同士のよりよい人間関係の構築と支持的風土の醸成。（相互理解）
  - ・「3年生を送る会」など、次の行事に向けた取組に今回の学びをどう生かすかの検討。

本実践における評価のポイント

- ・他者の考えのよさや他グループ案のよさを認めながら、テーマに沿ったホームルーム企画を決定することができた。
- ・安易な多数決によらない合意形成の意義を実感し、その活動過程から自分の役割と責任を深く考えることができた。
- ・自分の役割を理解し、企画・運営の中で仲間と協働して活動することができた。

題材 「自分のよさや可能性の発見」
文化祭を振り返って、自分のよさや可能性に気付こう

このような実態がありませんか？

- 自分に自信がもてず、ホームルームの中で自分のよさや可能性を生かせていない生徒がいる。
- ホームルームに貢献しようとしたり、目標に向かってまとまって取り組もうとしたりする態度に欠ける生徒がいる。

このような生徒やホームルームを目指して

　生徒の興味・関心が高い学校行事である文化祭を通して、互いのよさや可能性を認め合いながら目標に向かってホームルームがまとまって取り組もうとする態度や、ホームルームに貢献しようとする意欲を醸成することをねらいにしている。

　生徒の自己理解と相互理解を深め、自分のよさや可能性に気付き、それを生かそうとする態度を育てる。

自分たちが立てた文化祭の目標を振り返ることを通じて、自他のよいところに気付く活動

事前の指導と生徒の活動

- 文化祭に向けて、ホームルームや個人の目標を設定する。［ホームルーム活動］
  - ・ホームルーム目標を踏まえて、どのような文化祭にしたいか話し合い、ホームルームテーマを合意形成する。
  - ・ホームルームのために、自分は何ができるかを考え、個人の目標を「キャリア・パスポート」に記入する。
- 自分の立てた目標を意識して、文化祭に取り組む。
  　　　　　　　　　　　　　　　　　　　　［文化祭当日］
- 文化祭の様子を動画などにまとめる班を、ホームルームで話し合って決める。

文化祭に関する「キャリア・パスポート」
文部科学省初等中等教育局児童生徒課事務連絡
（平成31年3月29日）「キャリア・パスポート」
例示資料等についてより（一部編集）

本時の活動

活動の開始

①本時のねらい（題材及び活動の意義）を確認する。
　・文化祭を通した互いの頑張りを認め合う。
　・文化祭を通して、自分のよさや可能性に気付く。
②本時の活動の流れを確認する。

活動の展開

③文化祭の活動の様子を編集した動画を視聴する。
（クラスの撮影・編集班に任せ、事前に動画を確認する。）

④互いのよさや頑張りを知らせるカードを活用して、文化祭までの取組と当日を振り返ってみて、クラスメイトのよいところを記入する。
　・よいところと理由（どういう場面で、よいところがみられたか）を記入する。
　　▶日頃からホームルーム経営の充実を図り、支持的風土を醸成しておくことが求められる。また、あらかじめ生徒間の人間関係を十分に把握しておくことも忘れてはならない。
⑤カードで自分の頑張りを振り返る。
　・自分の目標を達成できたか。
　・自分の役割を果たすことができたか。
⑥グループで、文化祭で学んだことを話し合う。
　・カードを基に、互いのよさや頑張りやもっと頑張りたかったことを振り返る。
　　▶互いのよさや可能性を積極的に表現するように促すとともに、場合によっては、担任教師が見た生徒一人一人のよさや可能性を伝えることも考えられる。

活動のまとめ

⑦文化祭を通して学んだことを、これからの学校生活にどのように生かしていくのか、目標や取組方法を「キャリア・パスポート」に記入し、意思決定する。

よいところお知らせカード			

（　）年（　）組（　）番　氏名（　　　　　　　）

自分を表現する	計画実行する	協調性がある	マナーを守る
責任を果たす	チャレンジする	課題を発見する	礼儀が正しい
前向きに考える	他者を認める	コミュニケーションする	自分で考える
自ら行動する	先を見通す	自分をコントロールする	クラスに協力する
人に教える	改善・修正する	リーダーシップをとる	その他

学園祭までの取り組みを振り返って、クラスメイトの良いところを教えてあげよう。そして、その理由を書こう。
前の人と同じものだけでなく、他にも気づいたことがあれば、記入しよう。

出席番号	良いところ	理由（どういう場面で、良いところがみられたか）

このことを踏まえて、裏のキャリア・パスポートを書こう。

よいところを知らせるカードの例

事後の指導と生徒の活動

実践と振り返り

①意思決定した内容に基づいて一人一人が実践する。
②実践したことを振り返る。
③生徒が自他のよさ、ホームルームのよさに気付くことができるように、朝のSHR等を利用して、振り返りの場を設定する。

本実践における評価のポイント

・本時は、自分に合った目標を意思決定できたか評価する。事後の活動では、体育祭等の学校行事や日常生活での実践の過程で、生徒が自分の努力や成長に気付くことができたか評価する。

題材 「よりよい人間関係の在り方」

友人とのよりよい関わり方を考えよう

このような実態がありませんか？

● 人間関係形成・社会形成能力に課題があり、他者と関係を構築することが苦手である。
● 同じ価値観の友達だけではなく、もっといろいろな人と関わりたいがうまくいかない。
● 自己肯定感が低く、自分のよさや他者のよさを認めることが苦手で、他者の気持ちを考えて行動することができない。

このような生徒や学級を目指して

　人間関係が良好で落ち着いて学校生活を送ることができている生徒は、豊かな人間性や個性を獲得していくことができると考えられる。しかし、現在の中学生は、社会構造の変化、価値観の多様化、情報通信技術（SNS等）の発達など様々な要因から、人間関係に関する課題が複雑になる傾向がある。そこで、学級内でのアンケートなどを活用し、自他のよさを認める活動を行うことから、生徒がよりよい人間関係を構築することの大切さに気付き、望ましい人間関係を構築しようとする態度を育てる。

他者のよさを認め、人とのよりよい関わり方を考える活動

事前の指導と生徒の活動

● アンケートを実施し、生徒の他者との関わり方や人間関係を構築する力の実態を把握する。

〔帰りの会〕（学級全体）

▶ 生徒の実態把握のために行い、本時の導入の場面で活用する。別の機会に実施した既存のアンケート結果などを参考にしてもよい。

● 本時の予告をする。

〔帰りの会〕（学級全体）

※本時に向けて準備するもの
　①本時で使用するワークシート
　②アンケートの集計結果

友人との関わり方に関するアンケート（例）

①友人と積極的に対話している。
　（YES）← 4　3　2　1　→（NO）
②友人が困っている時に、進んで助けるようにしている。
　（YES）← 4　3　2　1　→（NO）
③話合い活動の時に、積極的に意見を出している。
　（YES）← 4　3　2　1　→（NO）
④友人と話す時に、言葉づかいや態度などに気をつけている。
　（YES）← 4　3　2　1　→（NO）
⑤より多くの人と関わろうとしている。
　（YES）← 4　3　2　1　→（NO）

本時の活動

活動の開始

①アンケート結果を確認する。
　友人との関わり方や人間関係を構築する力について自分自身や学級全体の実態をつかむ。
②本時の題材を確認する。
　級友から学び、友人とのよりよい関わり方を考えよう。

活動の展開

③小グループになり、友人との関わり方において、級友のよいところをカードに書く。
　▶よいところを書くだけでなく、その理由や具体的な行動についても書くようにする。
④全体に発表する。（各グループから1〜2人）
⑤友人との関わり方において、級友の行動などから、自分自身が参考にしたいことなどを記入する。

活動のまとめ

⑥意思決定
　上記をふまえ、これからの友人とのよりよい関わり方について意思決定する。
　▶級友のよいところから学んだことを、自分自身の人間関係をよりよく構築することに生かすよう促す。
⑦感想記入・発表
⑧教師の話
　活動を通して、よかったことを伝える。

アンケート結果（例）

①友人と積極的に対話している。　　　　　　　平均3.1
②友人が困っている時に、進んで助けるようにしている。
　　　　　　　　　　　　　　　　　　　　　平均2.9
③話合い活動の時に、積極的に意見を出している。
　　　　　　　　　　　　　　　　　　　　　平均2.5
④友人と話す時に、言葉づかいや態度などに気をつけている。　　　　　　　　　　　　　　　　平均3.3
⑤より多くの人と関わろうとしている。　　　　平均2.4

事後の指導と生徒の活動

実践と振り返り

● 意思決定した内容を振り返る。
● 本時の内容が毎日の学校生活の中で生かせているかどうかを振り返る。
● 生活のあらゆる場面で、意思決定した内容を実行できていた時に、そのことをほめる。また、他者のよさに気付き、認める行動ができていた場合に、学級全体の前で共有する。

本実践における評価のポイント

①よりよい人間関係をつくろうとする意欲が高まったことを確認する。
②自分のよさや可能性に気付くことができたかを確認する。
③他者のよさを認め、前向きに人と関わろうとする姿勢ができたかを確認する。

題材 「学校図書館の意義や役割」

書評発表会で本の魅力を再発見しよう

このような実態がありませんか？

● 日常的に読書に親しむ生徒が少ない。
● 学校図書館の利用が少なく、そのよさに気付いていない生徒が多い。

このような生徒や学級を目指して

　インターネットを使った情報収集の便利さは中学生でも実感している。一方で、放課後に部活動などがある中学生は、学校図書館や地域の図書館に足を運ぶ機会が十分であるとは言いがたい。

　読書の効果は説明するまでもないが、図書館に足を運ぶから出会える新たな本や、静謐な雰囲気の中での学びの経験は、中学生にとって不可欠なものである。

　そこで、本事例では書評発表会から読書の楽しさや本との出会いの大切さを実感し、図書館に行ってみたいという意欲の喚起をねらっている。あわせて、他者の書評から同じ本を読んでも感じ方や理解は読者の数だけあることを知り、生徒間の相互理解にもつなぐ事例である。

書評発表会を通して本の魅力や本との出会いのすばらしさに気付く活動

事前の指導と生徒の活動

〈学級の書評発表会ルール（例）〉
・発表参加者が自分で本を選ぶ。
・1人5分間。小グループ内で本を紹介する。
・聴衆に気持ちを伝えたり、聴衆の表情を見ながら発表したりする工夫の大切さを指導した上で、原則原稿は配布せず、何も見ないで話す。
・5分を過ぎた時点でタイムアップとし、発表を終了する。
・紹介された本について、ディスカッションを行う。
・全ての紹介が終了した後、「どの本が一番読みたくなったか？」を基準に投票を行い、最多票を集めたものを小グループの代表（「チャンプ本」）として決定する。

● 書評発表会についての説明を行う。
　・図書係が説明するなど、学級の組織を生かす。
　　　　　　　　　　　　　　　　〔朝の会など〕（全員）
● 本選びをする。
　・学校図書館にある本の中から、自分が紹介したい本を選ぶ。
　・選定にあたって、司書教諭や担任のアドバイスを参考にする。
　　　　　　　　　　　　　　　　〔休み時間など〕（全員）
● 原稿づくりをする。
　・選んだ本について、相手に分かりやすく伝わるように、自分の思いを文章にまとめる。
　　　　　　　　　　　　　　　　〔家庭学習など〕（全員）

書評発表会 自己評価カード
年　組　番　氏名

1．紹介した本
（書名）
（著者名）
（出版社）

2．紹介した感想（自己評価）
●良かった点

●改善点

3．紹介された本（メモ）

書名／著者名	内容等のメモ

4．読みたいと思った本

5．書評発表会の感想（振り返り）

本時の活動

活動の開始

①本時の題材と活動のねらいを確認する。
②本時の活動の流れを確認する。

活動の展開

③図書係が、書評発表会のルールを説明する。
④書評発表会を行う。【小グループ】
　・自分が選んだ本の紹介をする。
　・ディスカッションをする。
　・自分の意見を相手に分かりやすく伝わるように話し、相
　　手の意見をしっかりと聞く。
〈評価の観点例〉
　▶本の内容を正確かつ分かりやすく発表していたか。
　▶書評が聴衆に伝わるよう、言葉遣いや表情、身振り手振
　　りなど工夫して発表していたか。
　▶（制限）時間を有効に使って発表していたか。
⑤投票を行い、代表を決定する。【小グループ】
⑥各グループの代表で書評発表会を行う。【学級全体】

活動のまとめ

⑦活動を振り返り、話し合う。
⑧自主的な読書や学習に向けて、今後の学校図書館の活用についての目標を意思決定する。

各班で書評発表会

各グループの代表で書評発表会

> 教員は、新たな本と出会うすばらしさや
> 学校図書館で多くの本に出会えること
> に、生徒自身が気付くことができるよう
> な話をする。

事後の指導と生徒の活動

実践と振り返り

【実践】
● 意思決定した目標に向かって一人一人が取り組む。
● 朝の会で「学校図書館で見付けた本」を紹介し合う。
【振り返り】
● 意思決定した内容に沿って振り返る。
　・自己評価カードによって一人一人が実践を振り返ったり、
　　図書係が学校図書館の利用状況調べをして発表したりする。

図書委員会が中心となって
学年集会や全校集会につなぐことも
考えられる

本実践における評価のポイント

・本時の活動では、本の魅力や新たな本と出会うすばらしさ、学校図書館で多くの本に出会えるこ
　となどに気付き、図書館の積極的な活用について自分に合った目標や取組方法を意思決定できた
　かを評価する。
・事後の実践では、意思決定した目標や取組方法に沿って実践しているかを評価し、一人一人の状
　況に応じて助言したり励ましたりする。

題材 「望ましい食習慣の形成」

残食を減らす目的を考えよう

このような実態がありませんか？

● 学校給食に関する委員会の取組により、学級の残食は減ってきたが、残食を減らすことが目的となってしまい、なぜ残食を減らすべきなのかについての理解が不十分である。

このような生徒や学級を目指して

　規則正しく調和のとれた食生活は、健康の保持増進の基本である。学校においても食育を推進し、望ましい食習慣を形成することは極めて重要な課題となっている。この事例では、残食を減らすための委員会の取組から、残食を減らす目的を学級で考えることを通して、生徒が自らの生活や今後の成長、将来の生活と食生活の関係について考え、望ましい食習慣を形成するために判断し行動ができるようになることを目指す。

残食を減らす目的について話し合い、今自分ができることを意思決定し、実践する活動

事前の指導と生徒の活動

「食生活を見直す活動」
学校給食に関する委員会（以下、給食委員会）の取組「残食を減らそうウィーク」について、個人の取組状況を振り返り、班で共有する。
・ワークシートを配布する。
・個人で「振り返りの5つの質問」に回答する。
・個人の意見を班で共有する。
　　▶教師は、生徒が課題意識をもち、班の中で自分の役割を自覚できるように留意する。
　　▶質問1～5については、本時の活動までに、給食委員が結果を表やグラフにまとめる。

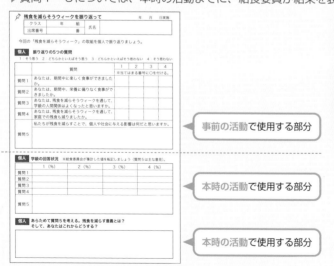

事前の活動で使用する部分

本時の活動で使用する部分

本時の活動で使用する部分

役割を決めて行う話合い活動

「食生活を自ら改善する活動」

活動の開始

①本時の題材と活動のねらいを確認する。
・質問1〜4の結果から分かることを、給食委員が発表する。
・全体司会は学級活動委員が担う。
・質問2「栄養に偏りなく食事ができたか」の結果を取り上げて、偏りなく食事ができたかどうかに否定的な回答をした生徒がいたことの理由を考える。また、質問4「家庭での残食も減ったか」の結果を取り上げて、学級での残食を減らす取組が、家庭での残食を減らそうという意識の変化につながらなかった理由を全体で考える。

> ともに否定的な回答がほとんどなかった場合は、残食を減らす学級での取組が効果的だったことを確認するとよい。

活動の展開

②「残食を減らそうウィーク」の目的を、話合い活動を通して再確認する。

> 質問3「学級の人間関係がよくなったと思うか」の結果を取り上げる際、教師は集団の中で、人間関係を自主的、実践的によりよいものへと形成するという「人間関係形成」の視点をもって指導に当たる。

・質問5「私たちが残食を減らすことで、個人や社会に与える影響は何だと思うか」についての回答一覧を、給食委員が事前に模造紙にまとめ、それを掲示する。
　▶タブレット端末などのICT機器を活用し、操作も生徒が担当するなど、教師は生徒の自主的、実践的な活動を促すように心がける。
・学級全体で質問5について意見を出し合う。
・給食の時間の班で話合い活動を行う。

> 個人に与える影響を考える際は、保健体育科における望ましい生活習慣の育成や、技術・家庭科における食生活に関する内容など、教科の学習内容を見直す機会となるよう指導を工夫する。
> 社会に与える影響を考える際は、自然の恩恵などへの感謝、食文化、食糧事情などについても教科等の指導と関連付けて考える機会として設定する。

活動のまとめ

③自分でできることを意思決定し、実践につなげる。

> 残食を減らすことは、自分たちにとっては、栄養の偏りのない健康によい食事のとり方につながったり、よい食習慣を身に付けることができたりすることにつながります。また、それをみんなで取り組むことで、食糧事情の課題を解決することもできそうです。残食を減らすことは、食物を育ててくれた方や調理してくださった方、栄養面を考えて献立を立ててくださった方などへの感謝にもつながることなので、無理して食べるというのではなく、みんなで楽しく食べて自然と残食が減っていくようにしたいです。私は、この授業を通して、自分たちの行動が、自分たち自身の未来や今の社会を変えることにつながるということに気付きました。これからも給食を残さずいただきたいと思います。

生徒が意思決定した内容（例）

指導上の留意点

▶健康上の配慮が必要な児童生徒や、宗教的な配慮を要する児童生徒が在籍している場合も考えられるため、取組の目的や方法、内容などについて、本人や保護者と十分に共通理解を図ることが大切である。

事後の指導と生徒の活動

実践と振り返り

●学校給食や家庭での意識の変化を振り返る。
▶教師には、健康な心身や充実した生活を意識して、主体的に適切な食習慣を形成する態度を育てるなど、育成を目指す資質・能力を意識した意図的・継続的な指導が求められる。
▶食育の年間指導計画に沿って、次の活動につなげる。

本実践における評価のポイント

振り返りを行う際には、学校給食や家庭での意識が変化したか、そのことにより学級の生活が向上したか等の具体的な評価の視点を設定することが大切である。そして、教師は活動を価値付け、次の活動への意欲を促すことが大切である。

題材 「友情と恋愛と結婚」

望ましい「異性との関わり」について考えよう

このような実態がありませんか？

● 性的な発達も著しく見られる時期になり、あこがれや不安など、様々な性への感情や異性への関心の高まりが見られるようになってきた。

● 異性への関わり方や性に関する情報に対して、不安を感じたり、適切な判断や行動が取れなくなったりすることがある。

このような生徒や学級を目指して

　性に対する正しい理解を基盤に、生徒が身体的な成熟を伴う性的な発達や性に関わる情報に対応し、異性との関わり方など適切な行動が取れるようにすることをねらいとする。

　指導に当たっては、学級に性同一性障害に係る生徒がいる可能性があることに配慮し、必要に応じて題材や展開の内容を工夫することが大切である。

養護教諭や専門家の話を聞き、生徒が自分自身の心に向き合って考える活動

事前の指導と生徒の活動

● 担任が事前に題材について予告する。

● 担任と養護教諭が連携して実施したアンケート結果を生かして、活動テーマ「『異性との関わり』について考えよう」を決定する。

● アンケートの結果から、学級や個人の課題をつかみ、話し合い、意思決定へつなぐ活動を計画する。また、保健体育科との関わりから、保健体育科の教師とも連携を図る。

「異性との関わり」
について考えるためのアンケート例

1　今の自分に当てはまると思うものを選んで、○印を付けましょう。

① 異性の友達と話をしたいが、意識してしまって話せないことがある。

② 異性についてのことで心配なことや不安に思うことがある。

③ 異性のことについての悩みを相談する相手がいる。
　　（家族、友達、先生、親せき、知り合いなど。）

④ 自分の姿が異性からどう見えているか気になることがある。
　　（髪型や服装に気を使うようになった・・・などを含む。）

⑤ テレビや映画、雑誌や本などの、異性や男女交際についての情報に興味がある。

⑥ 自分は、思春期の体と心の変化についてよく理解していると思う。

本時の活動

活動の開始

①本時の題材とねらいを確かめる。

TOPICS　性同一性障害に係る児童生徒に対するきめ細かな対応について

　このことについては、平成27年4月30日に文部科学省より、具体的な配慮事項がまとめられている。特別活動においても、個別の事案に応じ児童生徒の心情等に配慮した対応に努めなければならない。（以下は、配慮事項の中から一部抜粋）

・学校においては、性同一性障害に係る児童生徒への配慮と、他の児童生徒への配慮との均衡を取りながら支援を進めることが重要であること。

②アンケートの調査結果を養護教諭から聞く。

③結果を見て意見を出し合う。

　・アンケートの項目だけでなく、自分自身のこれまでの異性との関わり方についても振り返る。

　・無意識や不用意な言動が異性を傷つけていることなどが想像される。

活動の展開

④「異性との関わり」について、養護教諭や専門家の話を聞く。

　▶保健体育科の教師、養護教諭や専門家と事前に打合せをし、異性を意識するのは自然な感情であること、よりよい異性との関わり方について考える必要があること、自分も相手も傷付けてしまう性的行為があることなどを生徒が理解できるようにする。

　▶教師や専門家による具体的なトラブルの事例や、互いのプライベートゾーンを守る方法の紹介が考えられる。

⑤責任ある行動について考えたこと、感じたことをグループで話し合う。

　▶生徒の実態によりグループ編成などに配慮が求められる。また体のしくみや生殖機能に関わる場合、保健体育科との十分な連携が必要である。

活動のまとめ

⑥中学生としての望ましい異性との関わりについて考え、これからの自分の行動の仕方、考え方について意思決定する。

⑦本活動で考えたこと、意思決定したことが将来につながるということについて担任の話を聞く。

事後の指導と生徒の活動

実践と振り返り

【実践】

●意思決定したことを日常生活の中で一人一人が実践する。

　（例）＊異性の友達と話をしてもっと理解する。

　　　　＊不安になったときは、誰かに相談する。

　　　　＊異性を傷付けるような言葉は言わない。

　　　　＊性に関する正しい情報や知識を学ぶ。

【振り返り】

●振り返りの機会を設け、実践の過程や成果を振り返る。

指導上の留意点

指導内容や方法について、指導する教職員が共通理解しておくことはもちろん、保護者の理解を得ておくことも大切である。

本実践における評価のポイント

本活動では、生徒が自分自身の心に向き合って考えることができたかが評価のポイントとなる。活動の過程で、生徒の感情が不安定になることがある場合も想定し、アンケート調査やカード記入、話合いなどについて、一人一人に応じた細やかな配慮が必要となる。

・性同一性障害に係る児童生徒が求める支援は、当該児童生徒が有する違和感の強弱等に応じ様々であり、また、当該違和感は成長に従い減ずることも含め変動があり得るものとされていることから、学校としての先入観をもたず、その時々の児童生徒の状況等に応じた支援を行うことが必要であること。

・他の児童生徒や保護者との情報の共有は、当事者である児童生徒や保護者の意向等を踏まえ、個別の事情に応じて進める必要があること。

題材 「国際理解と国際交流の推進」
国際理解・国際交流の在り方について考えよう

このような実態がありませんか？

● 国内においても多様な文化的背景をもつ諸外国の人たちと関わる機会は増加している。
● 身近に諸外国にルーツをもつ人がいなかったり、国際交流に関する行事がなかったりと国際
理解を実践的に学ぶ機会が不足している。

このような生徒やホームルームを目指して

　自国や他国の歴史、伝統、生活や文化を理解し、諸外国の人々と隔てない心で接し、互いに
尊重し、積極的かつ豊かに交流する活動を通して、国際社会に生きる主体的な日本人としての
在り方生き方を探求し、国際社会の平和と発展に貢献しようとする態度を養う。

外部講師による講演の振り返りを通して、国際理解・国際交流の在り方について考える活動

事前の指導と生徒の活動

（1）地理総合「B　国際理解と国際協力」 生活文化の多様性と国際理解

（2）外部講師講演のための質問づくり（放課後等の課題：一人一台端末の利用）
　・外部講師講演会に向けて、講師に聞いてみたいことを生徒個人が事前にまとめ、その後集約する。
　　（集約した質問項目は講師に事前送付し、講演の中で触れてもらう）

（3）外部講師講演
　・JICAや外務省職員、日本人学校勤務経験教員、海外での生活・勤務経験のある卒業生等（2名）
　　による講演会を行う。（総合的な探究の時間や学校行事で実施）
　　※講演講師には、講演後のホームルーム活動のねらいや内容を説明し、自国や他国の伝統や生活、
　　　文化の違いだけでなく、国際理解・国際交流を進めていく上で大切なことや、国際的な課題に対
　　　して高校生でも取り組めることを考えるヒントを講演の中で触れてもらう。（ねらいの共有）
　・講演中、生徒は話のポイントをメモし、講演後、振り返りシートに2名の講師の講演内容の共通点
　　や相違点、「国際理解・国際交流を進める上で大切なこと」等をまとめる。（個人作業）

本時の活動

活動の開始

①本時のねらい（題材及び活動の意義）を確認する。
　・自国や他国の伝統や生活、文化の違いを理解する。
　・「国際理解・国際交流を進める上で大切なことは何か」を考える。
　・「国際的な課題に対して、自分たちにできることは何か」を考え、国際社会の発展に貢献しようと
　　する。

②事前に作成した外部講師講演の振り返りシートの内容をグループで共有する。（グループ作業）
・2人の講師による講演内容の共通点や相違点、講演を通じて感じたことや考えたこと、「国際理解・
国際交流を進める上で大切なこと」について整理する。
・自国や他国の伝統や文化の違いを理解する。
・国により生活の仕方や常識が異なることを知る。
③総合的な探究の時間で学習した持続可能な開発目標（SDGs）を想起し、自分たちにできることは何
かを考える。（グループでの話合い）
・SDGsの17の目標を確認する。
④各グループで検討した内容をクラス全体で共有する。（一斉）
・SDGsの目標のうち、「人や国の不平等をなくそう」、「平和と公正をすべての人に」、「パートナー
シップで目標を達成しよう」の3つのキーワードなどを使って、国際理解・国際交流で自分たちに
できることを話し合い、発表し合う。

活動のまとめ

⑤本時の学びを振り返り、他グループの考えも参考にしながら、国際社会に生きる日本人としてこれか
らの自分の行動や考え方について意思決定する。（個人作業）

事後の指導と生徒の活動

実践と振り返り

事後の学習として、次の内容が考えられる。
・生徒個人が意思決定した内容の実践状況について定期的に振り返りを行う。
・生徒会活動を核として国際的な課題に対する生徒の自発的な活動を行う。
　例）ユニセフやUNHCR、日本赤十字社などへの募金を通した社会貢献活動

また、その他にも、国際理解・国際交流の在り方を考える機会として、次の活動などが考えられる。
・自校のALTとの意見交換：例「日本と母国の文化・習慣の違いについて」
　　　　　　　　　　　　　　（英語コミュニケーションⅠ内で実施）
・姉妹校の高校生との交流会を実施し、相互に自国や自分の地域の魅力を知ってもらうためのプレゼ
ンテーション等を行うことを通して、「国際理解・国際交流を進める上で大切なこと」について考
える。

本実践における評価のポイント

評価に当たっては、自国や他国の伝統や生活、文化の違いを理解するとともに、「国際理解・国際
交流を進める上で大切なことは何か」、「国際的な課題に対して、自分たちにできることは何か」を
考え、国際社会の発展に貢献しようとしているかなどについて確認する。

題材 「自己理解と目指すべき自己の将来像の設定」

「キャリア・パスポート」で１年間を振り返ろう

１年間を振り返り、自己の成長や変容を確認するとともに、目指すべき自己の将来像を描く活動

事前の指導と生徒の活動

（１）活動の記録の蓄積

・学期始めや学期末、総合的な探究の時間における活動の前後、生徒が変容を実感できる学校行事の前後などに、「キャリア・パスポート」を活用し、学習や生活の見通しを立てたり、学んだことを振り返ったりしながら、活動を記録し蓄積する。

・クラス内の人間関係の状況にも配慮しながら、「キャリア・パスポート」の記入内容を、グループ内で共有したり、相互にコメントを記入したりするといった方法も考えられる。

> 教師が生徒の反応を予想しながら言葉をかけることに、「教師が対話的に関わる」ことの意義がある。教師からのメッセージは、生徒の経験や気付きに対する評価とならないよう心がけ、あくまでも、生徒の「心の動き」を生み出すための１つのきっかけであることに留意する必要がある。

（２）１年間を振り返る資料の作成（放課後等）

・１年間の行事などの写真をまとめたスライド等を、学級委員を中心としたメンバーで作成する。（生徒の有志で作成することも考えられる）

・作成されたスライド等を、ショートホームルームなどを利用してクラス全体で確認する。

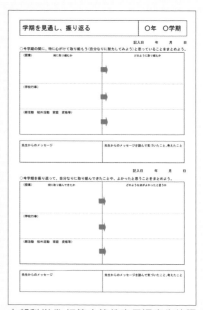

文部科学省 初等中等教育局児童生徒課
事務連絡（平成31年３月29日）
「キャリア・パスポート」例示資料等について より

本時の活動

活動の開始

①本時のねらい（テーマ及び活動の意義）を確認する。
・1年間を振り返り、自己の成長や変容を確認するとともに、目指すべき自己の将来像を描く。
②本時の活動の流れを確認する。

活動の展開

③蓄積したこれまでの「キャリア・パスポート」を確認しながら、「1年を見通し、振り返る」様式（「キャリア・パスポート」）の振り返り部分を記入する。（個人作業）
・1年間を振り返って、一番心に残っていることをまとめよう。
・1年間を振り返って、自分自身の成長をまとめよう。
・将来の自分自身を想像しよう。
（どんなふうになっていたいか、そのために今から何をするか）
④個人で振り返った内容をグループ（4～6名）内で共有する。

> 時間内でグループを組み直すなど、クラス内のできるだけ多くの生徒の発表を聞くことができるよう工夫する。その際には、傾聴の態度を促すとともに、個人情報保護の観点等から、記入した様式そのものを見せ合うのではなく、話せる内容のみを伝え合うといった発達の段階を踏まえた活動を行うことが大切である。

⑤自分の発表に対する他の生徒のコメントや、他の生徒の発表を聞いて感じたことや考えたことを、「1年を見通し、振り返る」様式の裏面（メモ欄）に整理する。

文部科学省 初等中等教育局児童生徒課 事務連絡（平成31年3月29日）
「キャリア・パスポート」例示資料等についてより

活動のまとめ

⑥自分の発表に対する他の生徒のコメントや、他の生徒の発表を参考に、「将来の自分自身を想像しよう」欄の見直しを行うなど、これからの自分の行動や考え方について意思決定する。（個人作業）

事後の指導と生徒の活動

実践と振り返り

事後の活動として、
・自身の高等学校における成長や変容を踏まえ、次年度の新入生に対して4月当初に配付する「応援メッセージカード」（「○○高等学校へようこそ！」「○○高等学校はこんなところ」）を作成
・「キャリア・パスポート」を活用した生徒との二者面談や保護者も交えた三者面談などが考えられる。

本実践における評価のポイント

生徒が自分自身の成長や変容を確認し、互いに認め合うなかで、自己理解を一層深めているか、また、自己を見つめ、目指すべき自己の将来像を描こうとしているかなどについて確認する。

3 生徒会活動について

生徒会活動の意義と目的は何か、活性化を図るためにはどうしたらよいか…など、10の項目をQ＆Aで解説するとともに、中学校または高等学校における関連する4つの事例を紹介します。

Q1 生徒会活動について
生徒会活動の意義と目的は何か？

A 　生徒会は、全校の生徒を会員として組織される。生徒会活動は、生徒一人一人が、学校における自分たちの生活の充実・発展や学校生活の改善・向上を目指す、生徒の自発的、自治的活動である。生徒会活動を通して、生徒の自主性・主体性を育て、学校全体の活力を高めることが期待されている。

1 生徒会の組織

　生徒会は一般的に、生徒総会、生徒評議会（中央委員会など）、生徒会役員会（生徒会執行部など）、各種委員会（常設の委員会や特別に組織される実行委員会など）等の組織から成り立っている。「生徒総会」は全校生徒による生徒会の最高審議機関で、活動計画や予算、活動報告や規約の改正等の審議を行う。年間１～２回の生徒総会に向けて、生徒会役員会や各学年、各種委員会等から活動方針や活動計画を提案し、その提案について、各学級で討議する。「生徒評議会」は、生徒総会に次ぐ審議機関として、生徒総会に提出する議案などの審議、学級・ホームルームや各種委員会から出される諸問題の解決、学級活動・ホームルーム活動や部活動などに関する連絡調整など、生徒会活動に関する種々の計画やその実施の審議に当たる。「生徒会役員会」は、一般に全生徒による選挙によって選出され、会長、副会長、書記、会計等で構成される。年間の活動計画の作成、審議を必要とする議題の提出、各種委員会の招集等、生徒会全体の運営や執行に当たる機関である。「各種委員会」は、生活の規律に関する委員会、図書に関する委員会、給食に関する委員会等、様々な委員会が学校の実情に合わせて設けられている。委員会の委員は、各学級の代表によって構成され、その中から選ばれた委員長、副委員長、書記等が、その計画や運営の中心になる。

2 具体的な内容

　「各種委員会活動」のほか、「生徒朝会」「挨拶運動」「美化活動や地域清掃」「ベルマークやエコキャップ等の資源の回収活動」「ボランティア活動」「新入生を迎える会」「卒業生を送る会」「運動会、球技大会等の行事に関わる活動」「文化祭」「新聞作りなどの広報活動」「人権宣言の作成」「異校種の学校や高齢者等との交流活動」など、様々な活動がある。

3 評価

　活動後に、一連の活動について振り返りの場を設定し、自己評価や相互評価、第三者の評価を取り入れるとよい。そして、教師が価値付けを行いながら次の課題を明示することで、さらに活動意欲は高まる。全校を単位として行うことから、学級・ホームルーム担任以外の教師が行うことが多いため、各学校は評価の体制を確立し共通理解を図って、生徒たちのよさや可能性を多面的、総合的に評価できるようにすることが求められる。

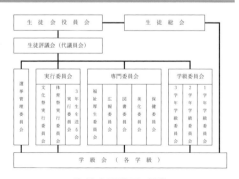

生徒会組織図（例）

A 　生徒会活動の目標は、異年齢の生徒同士で学校生活の向上を図るための諸問題の解決に向けて計画を立てて役割を分担し、協力して運営することに自主的・実践的に取り組むことを通して学習指導要領の第1の目標に掲げる資質・能力を育成することである。生徒の自発的、自治的な活動に関する態度や能力を高めていくようにすることが必要であり、自主的・実践的に活動できる機会の確保も含めた学校の一貫した指導体制の下に運営されるべきである。

中学校と高等学校の生徒会活動の目標は共通であり、内容は次のとおりである。

生徒会活動	中・高等学校共通
目標	異年齢の生徒同士で協力し、学校生活の充実と向上を図るための諸問題の解決に向けて、計画を立て役割を分担し、協力して運営することに自主的、実践的に取り組むことを通して、第1の目標に掲げる資質・能力（※）を育成することを目指す。
内容	（1）生徒会の組織づくりと生徒会活動の計画や運営 （2）学校行事への協力　　（3）ボランティア活動などの社会参画

※「第1の目標に掲げる資質・能力」について（中学校・高等学校学習指導要領第5章第1目標）
（1）多様な他者と協働する様々な集団活動の意義や活動を行う上で必要となることについて理解し、行動の仕方を身に付けるようにする。
（2）集団や自己の生活、人間関係の課題を見いだし、解決するために話し合い、合意形成を図ったり、意思決定したりすることができるようにする。
（3）自主的、実践的な集団活動を通して身に付けたことを生かして、主体的に集団や社会に参画し、生活及び人間関係をよりよく形成するとともに、人間としての在り方生き方についての自覚を深め、自己実現を図ろうとする態度を養う。

○**生徒評議会（中央委員会・代議員会など）活動**
　学校生活の充実と向上を図るために、学校生活に関する諸問題について、各学級、委員会等の代表が話し合い、解決を図るための活動を行う。例えば、「生徒会の目標を決めよう」「雨の日の過ごし方を考えよう」「学校生活の充実に向けた自主的な活動について話し合おう」といった議題を話し合い、全校で実践する。多くの学校では毎月1回程度、話合いをする時間をとっている。
○**委員会活動**
　学校内の仕事を分担処理するための活動である。各学年の全ての生徒がいくつかの委員会に分かれ、自分たちの学校生活を向上発展させるために、創意工夫し分担して行う活動である。例えば、保健、美化、交通、広報、風紀、図書、評議、進路、選挙管理委員会、文化祭実行委員会等、各学校の実態や特色を生かして設置されている。多くの学校では毎月1単位時間程度、委員会ごとに話合いをする時間をとっている。
○**生徒集会活動**
　生徒会の主催で行われる集会活動で、学期に1、2回程度行われる集会活動、特定の曜日の朝など短時間で実施する集会活動等がある。例えば、1単位時間程度で行われる「1年生を迎える会」「3年生を送る会」「生徒会予算の報告」など、全校生徒が一堂に会して行われる。朝の時間を使って各委員会が主となって行う「読書集会」「音楽集会」「健康増進集会」などがある。
　高等学校の生徒会活動では、中学校の生徒会活動で身に付けた態度や能力を生かすことができるよう、生徒の自治的な活動に関する知識や経験の程度、社会性や公共性に関わる資質・能力なども十分に把握して実情に即した指導計画を工夫することが大切である。

生徒会活動の活性化を図るためにはどうしたらよいか？

A 「自分たちの力で学校生活がよりよくなった」という実感が生徒会活動の活性化につながる。そのために、目標を立てるとともに、活動を振り返って次の課題解決につなげる評価を行う場の設定も大切である。どの活動でも目標をもつことは重視されるが、活動後の評価の場をもつことはできているだろうか。活動後に互いの活動を評価し合う場をもつことで、自分たちの活動に自信がもてたり、よりよく活動しようとしたりする意欲につなげることができる。

　前期に委員会メンバーが新しく決まったときに、その委員会の活動内容を考えながら計画を立て、実行し、評価、改善していく。評価、改善したことは次の活動につなげていくことが大切であるため、前期の評価、改善は後期の計画へとつなげていくことを意識していく必要がある。

　また、前期の目標に対しての大きなPDCAサイクルを意識し、目標に対して毎月、小さなPDCAを繰り返していくことで、日々の活動が充実したものになっていく。

【P：計画　現状を踏まえて、どのようなことをするのか計画を立てる】

　各委員会で設定されている活動内容と現状を踏まえて、自分たちがどのような活動をするか計画を立てる。その際、できるだけ具体的な行動としての計画を立てることがポイントとなる。

【D：実施　計画を基に実施する】

　計画したことを実施する。前期の大きな目標に対して、毎月少しずつ活動を積み重ねていくことで、課題解決の力を付け、充実した活動につなげていくことができる。

　毎月の目標に対しても評価・改善を行うことが大切である。

【C：評価　これまでの取組を評価する】

【PLAN】前期の目標を立てる
＊授業の心構えをもたせる
（具体策）・1分前着席を徹底させる
・授業前に必要なものを準備して授業に臨む。

【ACTION】授業前に準備はできたが、忘れ物が多いため、授業用具の確認をする必要がある。

【DO】実施する
＊毎月の小さなPDCAを繰り返す

【PLAN】1分前着席を徹底する。学習委員が教室の前に立って1分前を呼び掛ける。

【ACTION】時計を見る習慣を付けるため、呼び掛け方を改善する。「座ってください」→「時計を見てください」

【DO】計画を実践

【CHECK】〇学習委員として時間を意識し、呼び掛けすることができた。●初めは呼び掛けられないとできなかったが、自分で意識する人が増えてきた。準備をして座る習慣が付いてきた。

【CHECK】〇学習委員は呼び掛けができた。●学習委員が呼び掛けると着席ができるが、自分で時計を見ていない人が多い。

学習委員会のPDCAサイクルの例

　計画を実施し、振り返りの場を設定し、自分たちが計画し、実施したことを評価する。その際、委員としての自分たちの取組の評価と学級（学校）の現状としての評価を分けて考えていく必要がある。また、生徒たちの取組に対して教員が価値付けを行うことで、生徒たちは達成感や充実感を感じ、自己肯定感が高まり、活動意欲をもつようになる。改善につながるようなアドバイスもできると、生徒の次の活動への意欲につなげることもできる。

【A：改善　評価して良かった点、課題点を基に、改善するところを明確にし、次の活動につなげる】

　よかった点を伸ばし、課題点を改善するために、次はどのような活動をするべきかを考える。この改善点は後期の計画・目標へとつながるものであり、新しい委員がスムーズな活動ができるよう、前期で経験したことを基に後期ではどのようなことを意識して活動していけばよいかを考えていくことが有効である。

生徒会活動における自治的な活動とはどのようなものか?

A 　自治的な活動とは、生徒が自ら学校生活上の課題を見いだし、教師の適切な指導の下、課題解決に向けて話合いを通じて様々な意見に触れながら合意形成を図り、計画を立て、協力して実践していく活動である。

　学校において自治的な活動を行っていくことは、社会の一員としての自覚をもち、社会に参画し地域社会を自分たちで豊かにしていこうとする態度の育成につながる。

　自治的な能力を育成するためには、課題発見や合意形成の方法を身に付けていく必要がある。そのために、生徒一人一人が生徒会の一員であることを自覚するような活動を設定する必要がある。1つの工夫として「組織の工夫」があげられる。例えば、委員会に学級全員が所属し、一人一人が役割をもつことがあげられる。学級全員が何らかの委員会に所属し、生徒会の一員としての責任をもって活動に取り組むために、その委員会に関係する仕事を担当する。自分が活動することで気付く課題があり、個人が気付いた課題を学級全体で共有し、話合いによって改善策を考えていくことができる。自治的な活動に必要な課題発見や合意形成の方法を身に付けるために、このような経験を繰り返して行うことが大切である。

【自治的な活動の実践例】

- ●生徒会運営に関すること
  - ・生徒会スローガンの決定　・各委員会活動強化週間の設定　など
- ●学校生活に関すること
  - ・休み時間の校庭や体育館利用に関するルールづくり　など
- ●校内のきまりに関すること
  - ・生徒の髪型や服装についてのきまりの見直し　など
- ●各種の行事に関すること
  - ・文化祭におけるバザーの企画　・体育祭の種目の見直し　など
- ●ボランティア活動に関すること
  - ・募金活動や地域清掃活動の実施　など

生徒会役員会の仕事の様子

Q5 生徒会活動について

生徒会活動の評価は具体的にどのように行うのか？

A 　学習指導要領の目標及び特別活動の特質と学校の創意工夫を生かすことから、各学校が評価の観点を定めることとしている。はじめに、活動のねらいに応じた評価規準を学級活動・ホームルーム活動（1）（2）（3）、生徒会活動、学校行事ごとに作成することが考えられる。1単位時間の指導においては、各活動・学校行事ごとに設定した評価規準に即して、事前・本時・事後における「目指す生徒の姿」を具体的に設定することが考えられる。その際、担当する教師との間で、個々の生徒の活動状況について情報交換を密にするなど、評価に必要な資料や根拠となる情報を収集するなど、多面的・総合的な評価となる工夫を行うとよい。

　なお、活動ごとに評価を行うことも考えられるが、計画や振り返りに用いたシートなどはポートフォリオとして蓄積しておき、まとまった内容や時期ごとに評価を行うことも考えられる。

参考：文部科学省国立教育政策研究所発行「指導と評価の一体化のための学習評価に関する参考資料」（特別活動編）

○自己評価や相互評価

　活動に対して目標を達成できたか、あるいは何が足りなかったかといったことを個人で評価を行う。個人で評価したことをグループ等で共有することにより、他人からはどのように映っているのかといった他者の評価を相互に行うことが考えられる。それらの振り返りや評価を踏まえ、次の活動に向けて課題解決につなげたり、改善したりするなど見通しをもって自主的・実践的に取り組むことができるようにする工夫が大切である。

○教師等による評価

　観察が中心となるが、チェックリストや生徒自身の各種活動記録を活用するなど、評価方法の特質を生かして評価するとよい。評価の方法としては、生徒の目標設定にもつながるルーブリック評価など客観性をもった評価方法を取り入れることが考えられる。

〈生徒会活動の評価の観点と評価規準〉（高等学校の例）

よりよい生活を築くための知識・技能	集団社会の形成者としての思考・判断・表現	主体的に生活や人間関係をよりよくしようとする態度
生徒会やその中に置かれる委員会など、異年齢により構成される民主的かつ自治的組織における活動の意義について理解している。 よりよい学校・地域・社会づくりに向けて、主体的に参画するための行動の仕方を身に付けている。	生徒会において、学校や地域全体の生活をよりよくするための課題を見いだしている。 学校や地域における課題解決のために話し合い、合意形成や意思決定することで、よりよい人間関係を形成している。	自治的な集団や地域における活動を通して身に付けたことを生かして、多様な他者と協働し、学校や社会での生活の改善を図ろうとしている。 入学から卒業までという視野、全校や地域という視野で見通しをもったり振り返ったりしながら、よりよい生活を築こうとしている。

生徒会活動の指導には教職員が どのように関わったらよいか？

A 学校の全ての教師が役割を分担して関わることが望ましい。主となる担当教師とそうでない教師との間で、個々の生徒の活動状況について情報交換を密にすることが大切である。特に生徒会活動の目標である異年齢の生徒同士で協力し、学校生活の充実と向上を図るための諸問題の解決に向けた取組や役割を分担して、協力して運営をするなど、具体的な生徒の活動の状況を教師が共有することが望ましい。

〈生徒会担当者〉

生徒会活動は教育活動の1つであり生徒全員に関する活動であることから、主となる担当者だけではなく、学校の全ての教師が指導に関わることとなる。

具体的には、生徒会活動の指導計画を全教師で作成し、目標や内容、指導方法等についての共通理解を図ることが大切である。ここでは、教務主任や生徒指導主事等の役割が重要となる。

続いて、活動ごとあるいは生徒会役員会、各種の委員会の組織ごとに教師の役割分担を明確にする。さらに、学級担任の役割も明確にして、生徒会と学級とが連携して活動できる工夫が必要である。

全体を通して、活動の状況や生徒のよいところについて職員会議で報告したり、活動の振り返りを全教職員で行ったりするなど、常に全教職員で指導に当たっているという意識を再確認することが大切である。生徒会通信を発行したり、進捗を確認するための報告会を定期的に学校全体で行ったりするなど、共通認識を図る工夫も効果的である。

〈各種委員会担当者〉

生徒会活動の目標は、異年齢の生徒同士で協力し、学校生活の充実と向上を図るための諸問題の解決に向けて計画を立てて役割を分担し、協力して運営することに自主的、実践的に取り組むことを通して資質・能力を育成することである。例えば、各種委員会は各学年や学級・ホームルームごとの代表者が集まってそれぞれの学校生活の充実・向上を図るための諸問題の解決のために活動をしている。そこには、学級・ホームルーム担当とは異なった教師が指導に当たることが多い。そのため、定期的に教師が情報交換をする時間を確保したり、生徒の活動をメモして交換したり、校務支援システムに入力したりするなど、関係する教師で生徒のよさを共有する工夫が大切である。

生徒総会の意義や指導上の留意点とは何か？

A 　生徒総会は、全校生徒による生徒会の最高審議機関である。そのことから、生徒総会は、生徒全員による審議をもって合意形成を図り、生徒会の活動方針や年間の活動内容の審議を行っている。

　生徒総会は、生徒全員で話し合い、生徒会の活動方針や年間の活動内容を審議するものである。生徒全員で合意形成を図る活動過程を経て、生徒一人一人の課題意識を高めたり、よりよい校風や豊かな学校文化を創造したりすることにつながるものである。

　また、生徒総会は、自治的な活動を具現化する場として大変重要である。生徒総会を通して、生徒一人一人が学校の一員としての自覚を高め、自分たちの学校という意識をもつことができる。生徒総会の審議後に、決議されたことを学校（生徒会）として生徒全員で実行していくことで、自分たちの学校生活を自分たちでより豊かにすることが実感できる。このようなことを踏まえ、次のことに留意して進めることが望ましい。

1　事前の活動における主な留意点

・全教職員で作成した生徒会活動の指導計画を基に目標や内容を明確にし、生徒総会の役割や意義を十分理解させ、課題意識をもたせるとともに、生徒の自発的、自治的な活動が助長されるように適切な指導を行う。
・生徒会の全組織が効果的に機能できるように計画を立てて指導を行う。
・生徒総会のねらいが実現できるように、生徒の思いや願い、課題意識を最大限尊重する。
・事前の指導計画において、全校体制で取り組み、できるだけ多くの生徒が活躍できる場を設定できるようにする。

2　当日の活動における主な留意点

・意義ある意見交換となるよう十分な時間を確保する。
・議事について、生徒が全校で課題意識を高められるような話ができるように指導する。
・全員が理解して納得できるように、全校で承認する方法を工夫する。

3　事後の活動における主な留意点

・生徒総会についての価値付けを全体で行ったり、個別に行ったりして活動意欲を高められるようにする。
・生徒会新聞や校内放送、校内掲示板等を活用して生徒総会の決議事項が実行・実現できるように促す。
・承認された事項について、学校を挙げて実践につながるように継続的な指導を行う。

4　その他

・評価を適切に行う（詳しくは、P90 Q5参照）。

Q8 生徒会役員や各種の委員会委員長の指導や研修はどうすればよいか？

A 生徒会役員選挙後に「生徒会リーダー研修会」等を実施し、生徒会活動の内容や話合いの進め方などを理解する機会を設けるとともに、担当する教員との信頼関係づくりを進めることが大切である。

新しい生徒会役員への仕事の引き継ぎに当たっては、例えば冬季休業を活用して「生徒会リーダー研修会」（各委員会の委員長を含む）を実施することが望ましい。研修によって新しい生徒会役員は自分たちで生徒会の課題を見いだし、解決のための話合いを繰り返すことで役員としてのスキルや意欲を高めることができる。その際、初めに生徒会としての方針を明確にし、話合いの方法を身に付けることができる内容を研修会に盛り込むことが有効である。以下は実施計画の例である。

```
1  目的     ・生徒会役員としての自覚と責任をもたせる
            ・生徒会役員に必要な資質・能力の向上を図る
2  日時     令和○年12月○日（○）　9時〜16時
3  場所     本校生徒会室
4  参加者   新旧生徒会役員○○名（2年生○○名、1年生○○名）
5  プログラム  開会式  ①開会宣言　②生徒会長挨拶　③生徒会担当教師より趣旨説明
                      ④アイスブレイク
            研修1  「リーダーとしての心構え」
                   ①前生徒会長より　②生徒会担当教師より
            研修2  「話合いの仕方を身に付けよう」
                   ①話す力について　②聞く力について　③話し合う力について
                   ④思考ツールを用いた話合いについて
            研修3  「本校の課題及び改善策を考えよう」（研修2を活かして）
                   ①課題を出し合い、現状を把握する
                   ②改善策を出し合う
            研修4  「専門委員会のリハーサルをしよう」
                   ①1月の活動内容を考える
                   ②1月の専門委員会の原案を作成する
                   ③専門委員会のリハーサルをする
            研修5  「リーダー研修会のまとめをしよう」
                   ①各自で今日の振り返りを行う
                   ②振り返りを発表し合う
            閉会式  ①生徒会長挨拶　②担当教師から　③閉会宣言
```

また、休憩時間等を利用し、週1回程度、生徒会役員が集まり、定例会として生徒会活動の現状を話し合う機会を作ることも有効である。各専門委員会で月目標を立てている学校も多いが、目標を立てたままになっている現状はないだろうか。生徒会役員の中でも各委員会でそれぞれの活動や現状を出し合い、共通した課題を見いだしていくことが大切である。例えば、生活委員会から「登校時刻が守られていない」、図書委員会から「本の返却期限が守られていない」などの課題が出されれば、「時間」を意識した取組をする必要があるということを生徒が見いだし、その対策をしていく必要がある。定期的に話合いをもつことで、委員会同士の活動を共有しやすくなり、生徒会役員が連帯感をもって活動に取り組むことができるようになる。

```
1  各専門委員会の現状についての報告
2  1を踏まえて、次週の重点課題の話合い
3  生徒会長より
4  先生より
```

【定例会の実施内容例】

生徒評議会(中央委員会、代議員会など)は どのような流れで進めたらよいか？

A 　生徒評議会（中央委員会、代議員会など）は、生徒総会に次ぐ審議機関である。生徒会活動に関する種々の立案や計画の審議に当たる。主な議事として、生徒総会に提出する議案等の審議、学級・ホームルームや各種委員会から出される諸問題の解決等が考えられる。さらに、学級活動・ホームルーム活動、部活動等に関する活動報告や連絡調整の場としても有効である。

　生徒評議会は、生徒会役員や各種委員会の委員長（代表委員）等で構成され、月１回程度定期的に行われることが望ましい。事前から事後までの活動の流れの例を次に示す。

1 事前の指導と生徒の活動

・生徒会役員が、定例の生徒評議会の実施期日、開催場所について全校生徒へ周知する。
・各学級・ホームルーム、各種委員会、部活動等から出される学校生活上の諸問題の解決方法について話し合い、議案化する。
・生徒会役員が各議案を集約し、生徒評議会の準備を行う。準備は、当日までにあらかじめ議案を参加生徒に周知できるようレジュメや評議会冊子等を作成したり、当日の進行のリハーサルを行ったりする。

指導上の留意点

　生徒総会と学級・ホームルーム、各種委員会、部活動等をつなぐ大切な役割があることを周知する。根拠をもった明確な議題提案や、議決事項の分かりやすい広報に努めるなどの工夫が重要であることを日頃から指導する。

2 当日の活動

・議長は、開始、終了時刻を徹底するよう努め、会議のねらいを明確にする。
・議長は、公正公平に努め、低学年からの意見や少数意見も尊重する。
・議長は、議決を取る際に安易に多数決によらず、十分に合意形成が図られるよう努める。
・決定事項や話合いの議事録については、全校生徒に分かりやすく周知できるように書記等がまとめ、文書化する。その際、決定事項の理由や議論の経緯（反対意見の有無や改善策）についても簡単に記載する。
・決定事項には、責任を伴うことを参加者全員で確認する。

指導上の留意点

　各議案について、様々な立場から意見を求めるとともに、多様な意見やよさを生かし、折り合いをつけて合意形成が図られるようにする。

生徒評議会の事前準備の様子

生徒評議会の様子

3 事後の指導と生徒の活動

・生徒評議会で承認された事項について、各学級・ホームルーム、各種委員会、部活動等で周知し、実践する。

・実践した活動について、次回の生徒評議会で生徒が相互評価したり、教師が評価したり、全校生徒へ実践の振り返りをアンケートしたりする。それらをもとに、生徒がその実践を次へとつなげていくPDCAサイクルを回していくことで、生徒の活動意欲を高め、学校生活の充実・向上が図られるようにする。

指導上の留意点

学校生活の変容や改善が生徒自身の活動によって成されたという実感がもてるようにする。

TOPICS　ICTを活用した生徒評議会の運営

・生徒評議会への参加生徒が、閲覧可能な校内 Web やクラウド上の共有ファイルに議題等をアップロードしたり、各種委員会からの議題を集約したりすることで、前月、前年度の取組や議題を閲覧でき、作業の簡素化や時間短縮につながる。

・ICTのオンライン会議機能を活用することで、課題解決の方法として外部アドバイザー（地域の人々や専門家）と連携することができる。

クラウド上の校内共有ファイルでの議題の共有

オンライン会議機能の活用

Q10 生徒会活動について

生徒会役員選挙の活性化を図るためには、どのような手立てを講じたらよいか？

A 　生徒一人一人が学校生活の主体者であることを意識できるようにし、自治的な活動の重要性を理解したり、よりよい学校づくりへの参画意欲へつながる主権者意識を高めたりするような場や機会を確保することが望ましい。

1　活性化へ向けた視点

　生徒会役員選挙は、学校生活の充実と向上を図る生徒会活動において、自発的、自治的に活動するための生徒会を中心となって運営する執行役を決定するものである。そのため、よりよい学校づくりへ向けて生徒一人一人の意識を高める工夫が必要となる。特に、学級活動・ホームルーム活動での話合い活動を生かし、「こんな学校にしたい」という生徒の「学校生活への願い」を出発点とし、そこから他者との合意形成を図る活動、自分たちで定めるルールを策定・改正する取組など、より生徒が変化を実感しやすい取組へつなげる視点が重要である。

2　立候補者に対する手立て

・全校生徒がどのような学校を望んでいるのかをアンケートなどで調べる機会を設ける。それをもとに、目指したい「よりよい学校の姿」を具体的に実現するための取組を考えられるようにする。
・過去の立候補者（生徒会役員）の公約や取組等を示し、参考にできるようにする。
・自身の長所や思いを明確に示し、それを生徒会役員としてどう生かせそうかを考えられるようにする。
・選挙公報の作成、登校時や昼休み等を活用した広報活動、立会演説会での発表など、自身の考えや思いの伝え方の工夫を考えられるようにする。

3　投票する側の生徒への手立て

・現状の学校生活の課題点や改善点を考え、他者と話し合ったり合意形成を図ったりする活動を設ける。
・社会科（地歴・公民科）や道徳科などと関連させ、自分たちの代表を自分たちで決めることに関する責任や心構えについて指導する。また、特に高等学校では在学中に選挙権を有する者となりうることを想定し、選挙権をもった際の投票につながることも意識できるようにする。
・投票の際は、「自身の考えに最も近い人」という視点をもって候補者を選ぶ意思決定ができるよう指導する。
・投票当日までの一連の活動を振り返り、生徒会役員選挙を通して、生徒自身が将来有権者となった際にどのように社会参画を果たしていきたいかを考えられるようにする。また、「キャリア・パスポート」を活用し、地域や社会に関心をもち、主体的に関わっていきたいという思いを記録に残すことも有効である。

4 生徒選挙管理委員会への手立て

・公正公平な視点をもち、立会演説会や投票時の運営を組織的に行えるようにする。
・全校生徒へ選挙への積極的な参画を呼びかけたり、選挙日程、投票方法の周知を行ったりし、全校へ向けた選挙に対する意識を高める。
・「本物」を味わえるよう、公職選挙で実際に用いられる投票箱や記載台を準備し活用する。

5 生徒会役員への手立て（年間としての活動）

・選挙で選ばれた生徒会役員が公約として掲げた内容が実現できるように、その活動過程や手続きについて適切に指導・援助をする。
・その年度の生徒会役員会としての活動実績や取組が、次年度の立候補者への意欲につながったり、学校全体の生徒会活動への活性化へつながったりすることを意識できるようにし、次世代へと引き継がれる活発な生徒会活動を推し進める。

記載台を活用して投票用紙に記入する様子

登校時の選挙広報活動の様子

投票箱を活用した投票の様子

立会演説会の様子

互いを信頼し合い、いじめや暴力のない学校づくり
～全校生徒で「人権宣言」をつくろう～

このような実態がありませんか？

- 人が嫌がるようなことをする生徒がいる。
- 集団（学級、学校）への所属感がない生徒がいる。
- 学級や学校の決まりやルールが守れない生徒がいる。

このような学校を目指して

　互いを信頼し、いじめや暴力のない学校づくりを目指し、集団の一員として学校生活全体をよりよくしようという意識を形成するために「人権宣言」をつくる活動を行う。この活動では一人一人が意見を出し合い、全員が作成に関わることで一人一人の人権意識を高めることを目指す。

> ○○中　人権宣言
> 令和○年□月　採択
> 前文
>
> 　私たちは互いを信頼し合い、よりよい人間関係を築き、○○中の一員としていじめのない安心した学校生活をつくっていくことを宣言します。
> 　第一条　私たちは、思いやりの気持ちを大切にし、いじめや差別のない学校をつくります。
> 　第二条　私たちは、自分の言動に責任をもち、自立した行動を送ります。
> 　第三条　私たちは、よりよい○○中をつくる一員であることを心に留め、自分にできることに精一杯取り組みます。

事前の指導と生徒の活動

役割や分担

生徒一人一人　→　いじめや暴力のない学校づくりを目指して、「自分宣言」を作成する。

各学級担任　　→　生徒が自らの問題として受け止められるよう指導・助言する。

生徒会役員会　→　挨拶運動や校内掲示で「いじめ撲滅」に向けた啓発を行う。

生徒会担当教員→　校内で生徒や教職員が共通理解できるよう、連絡調整を行う。

活動の工夫

- 一人一人が人権意識を高めるために、全校生徒に「自分の生活を振り返る」アンケート調査を行う。
- 学級活動で各自が「自分宣言」を作成する。それぞれの思いを共有し、合意形成を図りながら、クラスの意見をまとめ、「学級宣言」を作成する。
- それぞれの学級の「学級宣言」を全校生徒が見ることができるように掲示する。代表生徒だけでなく、全校生徒がそれぞれの学級の思いを共有できるようにする。
- それぞれの学級の「学級宣言」を基に、生徒会役員、学級代表の生徒で「人権宣言」の案を作成する。「子どもの権利条約」について、事前の活動で紹介し、参考にできるようにすることも考えられる。

当日に向けての準備

朝の会で生活実態調査

　「自分の生活を振り返る」アンケートを実施する。

- 思いやりのある言動を意識しているか。
- 集団のきまりやルールを守れているか。
- ○○中の一員であることを意識して生徒会活動に取り組んでいるか。

学級で「自分宣言」、「学級宣言」

①アンケートの結果を提示
②アンケートを踏まえながら「自分宣言」を作成する。
③互いの「自分宣言」を発表し合う。
④それぞれの「自分宣言」を基に「学級宣言」を作成する。

それぞれの学級の「学級宣言」を全体で共有

　それぞれの学級の「学級宣言」を掲示する。全体のまとめをするのは役員を中心とした一部の生徒だが、どのような考えが出たかは全校生徒が見られるようにする。

当日の活動

活動1

生徒会役員会と各学級の学級委員長で「人権宣言」案を作成する。

- 各学級で作成した「学級宣言」について、各学級委員長が思いを述べる。
- グループに分かれ、「学級宣言」の思いをキーワードでまとめ、共通の思いを見付ける。合意形成を図りながら、グループの意見をまとめる。
- グループごとにまとめたことを発表し、全体の宣言を作成する。
  - ▶ 全校生徒に分かりやすく、実践できる宣言をつくるように支援する。

学級宣言の思いをまとめる話合い活動

活動2

生徒総会にて「人権宣言」を紹介する。

- 生徒総会にて、「人権宣言」を全校生徒に紹介する。拍手や挙手で「人権宣言」を採択する。
  - ▶「人権宣言」を採択する意義やこれから守っていくことの重要性について、生徒会長や生徒会担当教員から全校生徒に伝える。

「人権宣言」についての紹介

活動3

「人権宣言」を周知する。

- 作成した「人権宣言」を、生徒会新聞に掲載したり、ポスターやリーフレットにしたりして生徒へ周知徹底を図る。
  - ▶ 学校だよりなどで、保護者や地域にも広く伝えるようにする。

2021年度　　○○○中学校　校長通信　　1
「熱い心」　　～日本一熱く、絆強き

「一中人権宣言」を基盤に！～

ト～
　いじめ問題子どもサミットが別府市で開催され、県内各地域から参加した代表の小中学校が「いじめをなくすために校内で取り組んだこと」についてポスターセッションで発表・交流し、「いじめを見過さないために私たちにできることは何か」というテーマで熱

「人権宣言」についてお知らせする校長通信

地域との関連でこんな工夫も

地域の小学校と連携して「中学校区人権宣言」を作成したり、市区町村で生徒会サミットを開催して「○○市人権宣言」を作成したりして工夫する。

事後の指導と生徒の活動

〈生徒総会の評価〉

「人権宣言」の意義や内容が分かったか、真剣に採択できたか、実践への意欲があるかなどについて自己評価する（右参照）。

〈「人権宣言」の振り返り〉

「人権宣言」が実践できているかを定期的にアンケート調査し、生徒朝会や生徒会新聞で全校生徒に伝える。アンケート結果を活用し、学級生活や学校生活改善等について学級活動で話合い活動を実施する（右参照）。

- ▶ 本実践においては、「人権宣言」に込めた内容を生徒が実践し、互いの信頼関係を築きながら、よりよい学校づくりができているかを評価することが大切である。

【生徒総会の自己評価例】

- 生徒総会には生徒会の一員として参加できたか。
  　　　　　　　　　　　　はい　・　いいえ
- 「人権宣言」を採択する意義や内容を理解することができたか。　　　　はい　・　いいえ
- 「人権宣言」を実践することができそうか。
  　　　　　　　　　　　　はい　・　いいえ

【人権宣言実施の評価アンケート例】

- 自分がされていやなことを人にはしていない
  　　　　　　　　　　　　はい　・　いいえ
- 相手の気持ちを尊重している
  　　　　　　　　　　　　はい　・　いいえ
- ありがとうの気持ちや思いやりをもって行動している　　　　　　　　はい　・　いいえ
- 集団の一員としての自覚をもって生活している
  　　　　　　　　　　　　はい　・　いいえ

よりよい学校生活や校風をつくる生徒総会

このような実態がありませんか？

- 生徒全員で組織する生徒会の活動が停滞している。
- 生徒会の活動に対して、一部の生徒が中心となって行っていて、全校の活動にまで広がっていない。
- 生徒の願いを生かした望ましい校風がつくられていない。

このような学校を目指して

　生徒全員で話し合い、生徒全員で自分たちの生徒会の方向性について合意形成を図る生徒総会は、自治的な活動を広げ、学校生活に潤いを与えていくことができる。そうしてよりよい校風を築きながら、学校文化の醸成に大きく寄与していく。

　本実践は、生徒総会に向けた取組を生かして、生徒会の一員としての自覚を高め、よりよい学校生活や校風を自分たちでつくり、自分たちの学校という意識を全校で高めていくことをねらいとしている。

▶ 事前の指導と生徒の活動

　事前の活動に至る前に、昨年度までの課題を踏まえ、校務分掌における生徒会担当の教師が目指す生徒の姿や指導計画を作成・検討し、職員会議等を通して教師間で共通理解を図る。

> よりよい学校生活や校風をつくるために…生徒の思いや願いを生かした望ましい議案を募ることができるように工夫する。

活動例

①教師の適切な指導の下、生徒会役員会で構想を練り、活動計画案を作成する。

②生徒評議会で生徒総会の議案を審議する。

③・各種委員会や各部活動において、昨年度の活動報告や本年度の活動計画、方針について確認する。
　・予算委員会において、生徒会役員会・各専門委員会・各部活動等の予算案について審議し、原案を作成する。
　・各ホームルームにおいて、よりよい学校生活を送るための活動や予算案、各委員会・各部活動の活動計画について話し合う。

④生徒会役員会において、議案を検討し資料を作成する。

⑤生徒評議会において、議案や各ホームルームから出された意見や要望について審議する。

⑥リハーサルを行う。

> 教師がねらいを明確に示し、生徒総会の役割や意義を十分理解させ、課題意識を持たせるとともに、生徒の自発的、自治的な活動が助長されるように適切な指導を行う。

> ねらいが実現できるように、生徒の思いや願い、課題意識を最大限尊重するようにする。中学校の生徒会活動の成果を生かしたり、上級生のリーダーシップを生かしたりしながら進める。

> できるだけ多くの生徒が活躍できる場を設定できるようにする。

> 当日に向けて、適切な質問や要望を作成するとともに、回答について検討しておくようにする。

活動の流れ（例）

①開会の言葉
②生徒会長の挨拶
③議長選出
④議事
　（1）第1号議案「昨年度の活動報告」
　（2）第2号議案「本年度の活動方針・活動計画」
　（3）第3号議案「決算報告並びに本年度の予算案」
　（4）第4号議案（委員会等からの提出議案）
　　　「地域美化活動について」
　（5）第5号議案（生徒会役員会からの提出議案）
　　　「学校生活をよりよくするためにどうするか」
⑤決定事項の確認
⑥○○先生の話
⑦閉会の言葉

よりよい学校生活や校風をつくるために…活動形態や各代表生徒の発表方法を工夫したり、議長に適切な指導をしたりしておくとよい。
また、思いつきやパフォーマンスで不適切な発言や態度が見られた場合は、全教師で毅然とした態度で対応する。

議事について、生徒が全校で課題意識を高められるような話ができるように指導する。

各議案に対して、意義ある意見交換（質疑応答）を行う時間を確保する。

全員が理解して納得できるように、全校で承認する方法を工夫する。
例）拍手、挙手、起立採決、投票

生徒の活動を価値付ける教員の話は、活動意欲を高めることにつながる。例えば、以下のことをポイントとして話をする。
・事前、当日の活動における生徒の取組
・生徒総会の意義
・実践に向けて（見通しや課題）　など

事後の指導と生徒の活動

①各ホームルームで振り返りカードに記入し、掲示したり、学級通信で紹介したりして、共有する場を設定する。
②生徒会役員会、各種委員会、各部活動ごとに承認された事項について、実現までの計画や見通しを立て、実践する。
③1か月ごとに自分たちの活動を振り返り、成果と課題をまとめ、翌月につなげる。
④生徒会新聞や校内放送を活用して、実践の進捗状況を報告し、相互評価をできるようにする。
⑤生徒集会の場を活用し、現状と課題を提示したり、称賛し合ったりする。
⑥ホームルーム活動や学校行事等との関連を図り、自発的、自治的な活動の広がりを、教師や生徒一人一人が実感できるようにする。

学校を挙げての実践となるように、継続的で適切な指導と意図的な評価場面の設定を行う。生徒の活動意欲が高まっていくような見届けと評価を行うようにする。

本実践における評価のポイント

①生徒総会で承認された事項が確実に実践されているか確認する。
②学校の一員として活動意欲が高まっているか確認する。
③上級生がリーダーシップを発揮し下級生を導いているか確認する。
④学校教育目標の具現化やホームルームの活性化が図られているか確認する。

よりよい学校文化を創る３年生を送る会

- １・２年生は、卒業を控えた３年生に感謝の気持ちを表現したいと考えている。
- 生徒の代替わりを目前にして、進級への心構えや３年生の創ってきた学校文化を引き継ぐという意欲や実感がまだ十分ではない。

このような学校を目指して

　３年生を送る会では、卒業を控えた３年生がこれまでの学校生活を振り返るとともに１・２年生が３年生への感謝の気持ちを表すことで、それぞれの生徒の学校への所属感を深める。それにより、１・２年生が３年生の創ってきた学校文化を引き継ぎ、よりよい学校づくりへとつなげるため、次代を自分たちが担っていく意欲や実感、自己実現への見通しをもてるようにすることをねらいとする。その際に、１・２年生が主体となって活動の企画・運営をすることで、次年度の活動へ生かせるようにする。

事前の指導と生徒の活動

　昨年度までの課題を踏まえて指導計画を作成し、職員会議で検討し、全職員で指導のねらいや役割分担の共通理解を図る。

異年齢集団の活動を円滑に行うためには、上級生のリーダーシップが重要である。リーダーシップ育成のために、様々な生徒にリーダーを経験させたり、教師・生徒間で事前の打合せを行ったりすることが効果的である。

（１）１・２年生がこれまでの３年生の活躍や、部活動や学校行事、各種委員会など様々な場面での３年生との関わりを振り返る活動を行い、３年生を送り出す雰囲気づくりを行う。

（２）生徒会役員の１・２年生と各学級から２名程度募集した生徒たちで構成する「３年生を送る会実行委員会」を設ける。

（３）実行委員長と活動テーマ（目標やスローガン）を決める。

全員が目標を共有して活動を進める。教員主導とならないよう、事前に目標を決める際の話合いの視点を明示し、適切に助言を行う。

（４）３年生を送る会の内容と当日の流れ、準備計画、係分担などを決める。

（５）係分担ごとに準備を進める。

　　（係分担の例）

卒業式などの学校行事等もあるため、計画的に活動する。準備日程が具体的になるよう助言する。

- ・テーマ掲示用の看板作り
- ・記念品の選定、花束の準備
- ・３年生への感謝を伝える群読の詩やビデオメッセージの構想、原稿作り
- ・１・２年生による３年生を送る合唱の準備
- ・１・２年生による感謝のメッセージや便箋の校内掲示
- ・会場のレイアウト配置の検討

３年生へ感謝を示し、３年生が創った校風を引き継いでいく気持ちを伝えるために、生徒たちが自作する群読の詩やビデオメッセージなどを発表することが想定される。その中で、具体的なエピソードや３年生から教わったことなどを盛り込むよう助言する。

（6）1・2年生全体で行う事項の練習を行う。

（7）実行委員による当日のリハーサルを行う。

当日の活動

活動の流れ（例）

①3年生入場

②開会の言葉

③校長先生のお話

④実行委員長挨拶

⑤1・2年生による詩の群読（ビデオメッセージ）

⑥3年生の思い出のスライドショー

⑦1・2年生代表のお礼の言葉

⑧記念品・花束贈呈

⑨3年生からのメッセージ

⑩閉会の言葉

実行委員を中心に活動する。3年生にとってはこれまでの学校生活の振り返りにつながるように、1・2年生にとってはこれから目指す姿が決まるようにそれぞれ目標を明確にして会を進行する。

群読を発表しているときの1・2年生の様子や、ビデオメッセージ上映中の3年生の様子を録画し、会終了後にそれを見ながら振り返る場を設けることで、1・2年生が達成感を味わえるようにする。

3年生にとっては3年間の振り返りになり、1・2年生にとってはこれからの中学校生活を見通す機会となる。また、事前に離任した先生やこれまでに3年生がお世話になった地域の人、保護者などからメッセージをもらうことも効果的である。

3年生からのメッセージ（群読や合唱）などを事前に準備することで、1・2年生への感謝の気持ち、次代を自分たちが担っていく意欲を1・2年生が実感できる。

当日の役割分担例

○司会係　　　　○花束・記念品贈呈係

○BGM係　　　　○入場合図係

○照明係　　　　○3年生誘導係

※これらの係は各種委員会と連携して行うことも効果的である。

事後の指導と生徒の活動

- 実行委員長から1・2年生全体へ向けて、当日までの一連の活動を振り返りながら、次年度へとつなげるような話をする
  →学級担任は、会当日の帰りの会で、当日までの生徒たちの活動に対する評価や次年度への活動意欲につながるような話をする。
- 3年生が1・2年生へ向けて次代の学校へ残したい想いや感謝の手紙を書く。
  →1・2年生にとって、活動の振り返りになるだけでなく、達成感を味わえる機会となり、3年生からの言葉が次代の学校を自分たちが担っていくという意欲や実感になるようにする。
- 実行委員内での振り返りを行い、次年度へ向けた改善点をまとめる。
- 1・2年生が次年度にどのような学校を創っていきたいか、3年生の姿を見て次年度にどのように自分自身を成長させたいかワークシートにまとめるなどの活動を行う。

振り返りのまとめは、「キャリア・パスポート」等を活用し、記録に残るようにする。その評価を教職員や生徒同士で行い、次年度へとつなげる。

本実践における評価のポイント

・学校行事として行われる卒業式へ向けて、学級活動とも関連させて全校生徒の意識を高めるようにする。

生徒会活動
事例 **4** 高等学校 高齢者施設の方々との交流

このような実態がありませんか？

- ●ボランティア委員会等の生徒には、「自分たちの力で何かに取り組もう」という活動意欲が感じられるが、ほかの生徒との意識の差が大きい。
- ●活動範囲が学校内にとどまり、学校外の社会貢献や社会参画に関する活動に広がりにくい。そのため、生徒が、社会の一員であるという自覚と役割意識をもちにくい。

このような学校を目指して

　地域社会のために生徒会として何ができるかを考え、普段接する機会の少ない高齢者施設の方々との交流会に関わる活動を自発的、自治的に行えるようにする。この活動を通して、地域社会の一員であるという自覚を深め、社会の中で共に生きる豊かな人間性を培うとともに、自分を見つめ直し、自己実現に向かって人生を切り拓く力を育むことをねらいとする。

事前の指導と生徒の活動

役割や分担

- ●ボランティア委員会が、高齢者施設の方々との交流会の活動計画を立て、生徒会役員会に提案する。
- ●生徒会役員会による調整、評議会や各ホームルームでの話合い、生徒総会を経て、活動計画を決定する。
  - ▶ボランティア委員会や生徒会の担当教師は、生徒とともに施設の担当者と打合せを行い、生徒会、施設の双方にとって有意義で無理のない活動計画になるように調整する。また、

本事例では、生徒会活動における"高齢者施設の方々との交流"として取り上げたが、生徒会活動の学校行事への協力という趣旨から、学校行事として取り扱うことも可能な事例といえる。また、勤労生産・奉仕的行事として行う場合には、総合的な探究の時間における福祉に関する探究課題と関連を図って実践することも考えられる。

全教師に活動のねらいや方法、内容について周知し、共通理解の下に指導できるようにする。

活動の工夫

- ●一部の生徒のみの活動にならないように、また、活動のねらいが全校生徒や教師に十分理解されるように、ホームルームでの話合いや広報活動を充実させたり役割を明確にした活動計画を立てたりする。
- ●当日参加できない生徒が参画意識をもつことができるように、寄せ書きやビデオレター、会場の飾りづくりを行うなど工夫する。

当日に向けての準備

- ●交流会当日に参加する生徒は、活動計画に沿って出し物や会場の飾り付けの準備をする。

> 担当教師は、入所者の個人情報の保護について施設の担当者と十分に打合せをしておく。

- ▶担当教師は、生徒の自発的、自治的な活動が展開されるように、会場の下見、施設の担当者との打合せ、当日の役割分担の確認や練習を計画的に行うことができるように指導する。

当日の活動

活動1

参加者が集合し、活動のねらいと活動計画、役割分担を確認する。

● 施設の担当者と打合せをしたり、会場準備をしたりする。

活動2

● プログラムに沿って交流会を進行する。

　【プログラム例】

　・生徒からの歌のプレゼント

　・ゲームによる交流

　・生徒代表の言葉

　・全校生徒からのプレゼント

　・施設の方からの言葉

● 施設の方々や担当者へのお礼の挨拶をする。

活動のまとめ

● 参加生徒で、交流会の振り返りをする。

　▶ 事後の活動の進め方についても確認するよう助言する。

● 担当教師は、生徒が目的意識を十分にもって活動できるように見守り、必要に応じて助言する。

● 振り返りの活動のために、写真やビデオなどの具体的な資料を残しておくとよい。撮影に当たっては、個人情報の保護について十分に配慮することが大切である。

振り返りカード

〇年〇組〇番　名前

（〇〇委員会）

〇印を付けよう（そう思うA・・・・そう思わないD）

1　振り返り

① 自分から進んで活動できた

　　　　　　　　　　　　　　　A B C D

② 自分の役割を果たすことができた

　　　　　　　　　　　　　　　A B C D

③ 協力して活動できた　　　　A B C D

④ ボランティア活動に関心をもった

　　　　　　　　　　　　　　　A B C D

　　　　　　　　　：

　　　　　　　　　：

2　計画や準備のことで気付いたことや思ったことを書きましょう。

3　当日の活動のことで気付いたことや思ったことを書きましょう。

4　生徒会や学級で、これから取り組んでみたいことを書きましょう。

事後の指導と生徒の活動

実践と振り返り

● 生徒会役員会やボランティア委員会、生徒評議会で、活動を振り返って話し合う。

　・「自分たちの活動が、高齢者施設の方々の役に立ったか」「これから自分たちは何ができるのか」「活動の進め方はどうだったか」など、視点を明確にして振り返る。

　・施設の方々や担当者の感想を聞くなど、地域社会の一員としての在り方について具体的な資料を基に振り返る。

● 全校生徒に、活動の報告をする。

● 生徒会としての今後の取組について考える。

　▶ 教師は、今回の活動以外にも「地域社会のために自分たちができること」について様々な視点から考えられるように助言する。

地域や学校、生徒の実態に応じて様々な活動が考えられるが、どのような活動でも、できるだけ生徒の自発的、自治的な活動が展開できるように配慮する。

本実践における評価のポイント

活動の評価に際しては、生徒会役員会や各種の委員会等の担当教師が、一連の活動における取組状況について、評価規準に即して評価するほか、生徒が記入する「振り返りカード」を参考にするなど、複数の教師が評価するための体制や方法を工夫することが大切である。

4 学校行事について

学校行事の目的や意義は何か、学校行事を学級経営・ホームルーム経営に生かすにはどうすればよいか…など、4つの項目をQ&Aで解説するとともに、中学校または高等学校における関連する5つの事例を紹介します。

学校行事の目的や意義は何か？

A 　学校行事とは、よりよい学校生活を築くための体験的な活動を通して、集団の所属感や連帯感を深め、公共の精神を養う活動である。全校または学年などの大きな集団で生徒が協力して活動することに意義がある。

1 具体的な内容と期待される成果

　学校行事には、①儀式的行事　②文化的行事　③健康安全・体育的行事　④旅行・集団宿泊的行事　⑤勤労生産・奉仕的行事の5種類がある。

　例えば、健康安全・体育的行事には、避難訓練や体育祭などがある。避難訓練は、自他の生命・安全を守る能力を高めることを目的に行うが、形式的な取組にならないよう、様々な想定の下に行うことが大切である。また、保健体育科の集団行動とも関連付けて実施すると、効果が一層高まる。大きな全校行事の1つである体育祭は、仲間と共に運動に親しみ、体を動かす楽しさを味わう絶好の機会である。とりわけ大事にしたいのが、取組を通して、学級・学年、さらには学校への所属感や仲間との連帯感を味わえる機会にすることである。他者のよい面を発見したり、所属する集団への貢献を果たしたりすることで、こうした気持ちは確実に高まっていくであろう。このことは、他の行事においても同様のことが言える。

　協力・協調が必要な学校行事は、生徒の公共の精神が高まるとともに、日常生活とは異なった大きな変化と節目が与えられ、1年間の学校生活をメリハリのある豊かなものにしていく。また、一人一人の生徒の内面の成長や学校としての秩序維持への効果もあり、学校運営上、とても大切な役割を担っているのである。

2 多様な工夫が必要な実施形態

　学校行事は、本来の目標を達成することはもとより、様々な教育的価値と結び付く活動を工夫することで、より大きな成果を得ることができる。このことを踏まえ、学校行事の実施に当たっては、学校や地域の状況に応じて、次のような実施の工夫をすることが望ましい。

（例）・生徒会や実行委員会が企画・運営し、段階的に全校生徒が関わる部分を増やしていく。
　　　・各教科・科目等の年間指導計画を作成する際に、行事と関連する学習を当該行事の実施時期に合わせるよう配慮する。
　　　・地域や小・中・高等学校、幼稚園・保育園等の参加によって、地域と一体となった行事としていく。

3 評価

　特別活動の評価は、学習指導要領などに示す目標を踏まえて、学校が創意工夫を生かして評価の観点を示すことになっている。学校行事については、上記1の①〜⑤を内容ごとのまとまりと捉え、評価規準を作成する。①〜⑤はいずれも学級（ホームルーム）担任以外の教師が直接指導することも多い。そこで、生徒一人一人の活動状況について、教師間での情報交換を丁寧に行い、学校として生徒のよさや可能性を多面的、総合的に評価することが求められる。生徒の自己評価や相互評価の活用は、妥当性と説得力のある評価を実現する上で、大変有効である。

学校行事は「学校の文化を創る」ことにどうつながるか？

A 　学校には、それぞれの校風がある。伝統となっている校風もあれば、新たな校風として根付いたばかりのものもあるだろう。生徒・保護者・地域住民が価値を見いだしている校風を大事にして学校行事を行うことが、学校の文化を一層魅力あるものにしていく。

　よく、生徒会には代々引き継がれていたり、新しい代になった時に作成したりする目標やスローガンがある。「雲外蒼天」（試練を乗り越えていき、努力して乗り越えれば快い青空が望める）、「頸草」（風雪に耐える草のように、踏まれても立ち上がる）などはその例である。ここには、生徒の立場から、日々の学校生活をどのように送りたいかの願いが込められている。体育祭や文化祭などの学校行事では、こうした生徒の願いは、より焦点化され、熱い思いとたくましい行動になって表れるものである。「全力疾走〜一瞬一瞬を大切に〜」「音色が響く 絆の先に」といったスローガンが、プログラムに載るだけではなく、横断幕となって校舎に掲げられたり、体育館ステージの背後に堂々と飾られたりする光景は、多くの学校でよく見られる。

　学校行事というのは、学校や地域の特色によって、その内容はそれぞれ異なるものである。そして、生徒が楽しみながら、大いなるエネルギーを一気に注いでいくのが学校行事である。学校が定める各行事のねらいの達成や生徒が目指す方向性の実現によって、独自の学校文化を創造することにつながっていく。つまり、学校が1年間で実施するそれぞれの学校行事の成果が、生徒の変容となって学校のよい雰囲気を醸し出し、ひいてはその学校の文化や伝統を創り出していくものなのである。

　地域文化と学校のつながりは、学校行事が活性化するだけでなく、学校と地域との相互理解が深まったり、学校と地域の協働体制が強まったりする効果がある。また、生徒自身も自分たちが住んでいる地域のよさを再認識し、郷土への愛着が増していくことも期待できる。さらには、生徒が地域の担い手として、その魅力を継承しようとする意欲を高めることにもつながっていく。

学校行事を学級経営・ホームルーム経営に生かすにはどうすればよいか？

A 　学校行事は、学級経営・ホームルーム経営に必要な信頼関係やよりよい人間関係を構築するために、重要な機能を担っている。

　学校行事を充実させるために、学級活動・ホームルーム活動において提案や取組の在り方などを話し合い、合意形成を行うことが必要である。学級活動・ホームルーム活動における生徒の自発的、自治的な活動を中心として、各活動や学校行事を相互に関連付ける。

　学校行事は、「行事の意義の理解」、「計画や目標についての話合い」、「活動目標や活動内容の決定」、「体験的な活動の実践」、「振り返り」という全体の学習過程の中で育まれる。そのため、学級経営・ホームルーム経営の充実を図り、生徒の学びへの積極的関与と深い理解を促す。生徒が自他のよさや個性を尊重しつつ、互いに高め合うような学級・ホームルームづくりを進めていくことが望まれる。

　学校行事は、全校または学年の生徒で取り組むものであり、各種類の行事に生徒が積極的に参加し協力することによって充実するものである。各活動と学校行事を相互に関連付け、学級経営・ホームルーム経営の充実を図ることにより、学級・ホームルーム活動における生徒の自発的、自治的な活動が期待できる。教師は適切な指導により、行事の特質や生徒の実態に応じて生徒の自主的な活動を助長することが求められる。

　学校行事を学級経営・ホームルーム経営に生かすために、次の点に留意して実施する。
（1）小学校あるいは中学校までの経験を含め、生徒がこれまでどのような実践的な活動を経験してきているのか、「キャリア・パスポート」の記述や行事の取組の様子等から観察する。
（2）学校の伝統でこうしなければならない、学年によってこうしなければならない、と固定的に考えるのではなく、生徒の実態を把握し、生徒の自発的、自治的な活動を尊重し、創意工夫を生かす内容とする。
（3）学校行事に向けた活動を通して、課題や困難な状況に気付き、それらを解決するために、学級活動・ホームルーム活動で話し合って目標を決める。活動を通して、どのように乗り越え、解決するのかを重視する。

　学校行事と学級活動・ホームルーム活動を通じて醸成される自治的な活動は、多様な他者を尊重し、協働してよりよい生活づくりに参画しようとする連帯感を養うだけでなく、生徒の文化の創造や人間関係形成、社会参画につながるものである。自治的な活動が充実されることにより、休み時間や放課後などにおいても、生徒の人間関係等によい影響をもたらす。

　よりよい人間関係を築けるよう学校行事や体験的な活動を、学級経営・ホームルーム経営の目標・方針に計画的に位置付けていくことが必要である。

行事前に学級・ホームルーム内で目標を書いて教室に掲示し、意識を高める

学校行事における振り返りは具体的にどのように行うのか？

A 　学校行事の振り返りでは、学校行事当日のみでなく、行事に向けての練習・準備期間も含めて、生徒一人一人が自分のよさや可能性を認識できるような自己評価や相互評価を行う。また、教師は学校行事で育成を目指す資質・能力を生徒がどのように身に付けているかということについて、個々の生徒の活動状況を基に見取る。

1 自己評価や相互評価

　活動の結果だけでなく活動の過程を振り返り、生徒が自分のよさや可能性を認識することができたり、お互いに認め合ったりすることができる自己評価や相互評価を工夫する（※1）。例えば、行事に向けた取組の中間発表をしたり、下記のように学校行事の期間を通じて、心に残ったエピソード等を記録させたポートフォリオ的な教材などを活用したりすることが考えられる。また、このような自己評価や相互評価の記録を「基礎資料」として蓄積しておき、学期末や年度末の学級活動・ホームルーム活動（3）「一人一人のキャリア形成と自己実現」の時間において、他の行事等の「基礎資料」と併せて振り返り、「キャリア・パスポート」の活動に生かすことも有効である。

行事の練習や準備についての振り返りを積み重ねることで、活動の過程における自分の変化に気付くことができる。

行事や教科等の目標設定や振り返りを、共通の視点で行うことで、各行事や他の活動のつながりが感じられ、自分の成長を実感できる。また、このような記録は「キャリア・パスポート」の基礎資料となる。

※1　「指導と評価の一体化」のための学習評価に関する参考資料　文部科学省国立教育政策研究所【中学校　特別活動　P.69】【高等学校　特別活動　P.74　P.77】参照

2 教師による評価

　学校行事は学校や学年といった大きな集団を単位として、学級・ホームルームの枠を超えて活動が行われるため、学級担任1人が学級の全ての生徒のよさや可能性を見取ることは不可能である。そのため、例えばそれぞれの教師が、自分が指導したり、観察したりした生徒の評価資料を集約できるシートを活用して、評価資料を共有し、学校行事の評価に生かすことなどが考えられる。

　また、上記の「自己評価や相互評価」で紹介したポートフォリオ的な教材を、評価の参考とすることも有効である。その行事で育成を目指す資質・能力を生徒の具体的な姿に落とし込み、ポートフォリオ的な教材から生徒の成長を見取る。そのような教師が見取った成長を生徒にフィードバックすることで、生徒は自己評価や相互評価では気が付かない自分のよさを認識することができる。なお、生徒の自己評価や相互評価は学習活動であり、それをそのまま学習評価とすることは適切ではないが、学習評価の参考資料として適切に活用することは、生徒の学習意欲の向上につなげることができるとされている〔学習指導要領（平成29年・30年告示）解説　特別活動編〕。様々な評価方法を工夫し、生徒のよさを多面的・総合的に評価するようにしていきたい。

学級活動等と関連付けた卒業式

ねらいと行事実施上の工夫

このような生徒の実態がありませんか

● 卒業生が、新生活への期待や自信よりも、不安を強くもっている。
● 在校生が、3年生の卒業を自分たち（在校生）のこととして捉えきれていない。

このような生徒や学校を目指して

　卒業式は、厳粛な儀式であり、中学校生活を振り返り、新たな生活への希望や意欲につなぐ大切な行事である。卒業生が自校から巣立つことに誇りをもつとともに、未来に希望を抱き、向上していこうとする意欲を高めてほしい。また、3年間の学校生活を振り返ることによって、お世話になった方々への感謝の気持ちを大切にさせたい。在校生は、卒業生への祝福や感謝の気持ちを表すだけではなく、学校のよい伝統を引き継ぎ、自分たちの手でさらに発展させようとする強い意欲をもてる機会にしたい。

事前の指導と生徒の活動

3年生から話を聞く会（学級活動）

【ねらい】
・1、2年生は3年生の体験談を聞いて、自分自身の学校生活を見直し、この先の進路選択にも役立てる。
・3年生は自らの経験を後輩に語り、今後の決意を新たにする。

【実施の流れ】
・事前に1、2年生が、「3年生に聞きたいことアンケート」を実施し、その結果を整理して、3年生に発表依頼をする。
　3年生が1、2年生の教室に出向き、自身の体験と後輩への激励を語る。
・質疑応答と3年生へのお礼の言葉の時間を取る。

【実施の工夫】
・1、2年生は「キャリア・パスポート【先輩から学ぶ】」の欄に感想等を書く。

卒業おめでとう動画の制作

【ねらい】
・1、2年生が3年生に対する感謝とお祝いの気持ちを、動画を通じて伝え、3年生の卒業を祝う。

【実施の流れ】
・1、2年生は、「お祝いメッセージ」の言葉や動き、使用する道具等を話し合って決定する。
・1、2年生の各学級は3年生全員へのメッセージを考え、作成する。最後に先生たちからの言葉を収録する。

【実施の工夫】
・完成した動画は卒業式後日の学年・学級の時間に視聴する。（1、2年生）

卒業式当日

3年生の朝の会

▶ 在校生からの「卒業おめでとう動画」を教室で視聴する。

卒業式（儀式的行事）

▶ 3年間の集大成の時間として卒業式を行う。
- ・国歌斉唱
- ・学事報告
- ・卒業証書授与
- ・校長式辞
- ・送る言葉と合唱
- ・別れの言葉と合唱
- ・校歌斉唱

> 「在校生の皆さんの目には、今の私たちはどう映っていますか？」
> 卒業生と在校生の思いが交錯する言葉と歌の交流

学級での最後の時間

▶ 生徒相互、そして生徒一人一人と学級担任が築いてきた信頼関係を確認できる心温まる時間である。担任から卒業生に送る最後のメッセージは熱く、学級での最後の時間が生徒にとってかけがえのないものとなるようにしたい。学級によっては、生徒たちで話し合ったサプライズがあることもあろう。

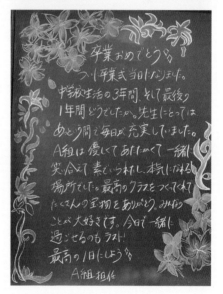

1・2年生の事後の指導と生徒の活動

> 「3年生のようにはなれないかもしれないけど、なろうとすることが大事だと思った。」

振り返り

▶ 「キャリア・パスポート【3学期の振り返り】」の欄に、卒業式の感想や卒業生への思いを一言添えて記入する。

次年度の活動

▶ 修了式前の学年集会で、学年委員会から、次年度に向けた決意表明を発表する。
▶ 次年度当初に記入する「キャリア・パスポート【1年間で目指す自分を思い描こう】」の欄への記入内容について春季休業中に考えておくことを、学級活動で指導する。

全校生徒が主体的に行動する文化祭

このような生徒の実態がありませんか

- 文化祭はみんなで楽しく模擬店等を開く行事と思っていて、日常の学習とは結び付かない。
- 一部の生徒のみが中心となって主体的に行動するため、生徒同士のコミュニケーションが不十分で、ホームルーム全体の雰囲気がよくない。
- ホームルームの企画で賞を取ることが目的化してしまう。
- 生徒が熱心に活動するため、熱中しすぎて活動日が増えたり、特定の生徒に役割が偏ったりする。

このような生徒や学校を目指して

　様々な文化的な活動や行事を通して、生徒が自ら活動の計画を立て、意欲的に活動できることを目指す。文化祭に向けた活動を通して、生徒が互いに努力を認めながら協力して、自他のよさを見付け合い自己のよさを伸ばそうとする意欲をもつよう促す。個性を伸ばし、自主性、創造性を高めるとともに、目標に向かい協力してやり遂げることにより、成就感や連帯感を味わい、責任感と協力の態度を養う。

事前の指導と生徒の活動

● 1年間の文化的行事

　1年間の文化的行事の中で、事前の企画や準備から行事当日、行事後の振り返りまで、多くの時間がかかるのが文化祭である。ホームルームの企画として何をするのか、一部の生徒だけの活動ではなく、生徒一人一人が個性や興味・関心を

1年間の文化的行事（例）	
1学期 ：	音楽祭・合唱祭
2学期 ：	文化祭、伝統芸能鑑賞会
3学期 ：	弁論大会

生かして参画し、達成感や自己有用感をもつことができるような活動にしていく必要がある。

● ホームルーム活動

　○文化祭の全校のテーマを共有し、実行委員会の生徒を中心に、ホームルーム企画の内容を話し合う。
　　単に、楽しい企画を考えるだけでなく、文化祭のホームルーム企画の集団活動を通して、よりよい人間関係の形成や合意形成、意思決定を図っていく。
　○生徒が自発的、自治的な活動をもとに役割分担を決め、生徒自らが活動計画を作成する。
　　例：装飾班：平日の放課後に、教室装飾・ロッカー装飾を創作する。
　　　　物品班：夏季休業中に、設計図をもとに木材の加工を完成させる。
　　　　物理班：学習した計算を用いて、動作確認と安全性を検証する。

各分担の作業をする様子

● 実行委員会

　○生徒会の組織と連携して、学校全体として文化祭の運営に携わる。
　○生徒の自治的な活動が円滑に進むよう、各団体が使用する施設や物品、活動時間や活動場所の調整を行う。

● 異なる団体・学年の企画

　○ホームルーム企画だけでなく、各種委員会、部活動などの任意の団体、有志団体などの企画や異なる学年の企画がある。これらを見て学び、次年度の計画に役立てる。また、全校生徒が文化祭に関わることで、学校固有の伝統や文化を醸成していく。

計算等を用いて動作確認をする様子

行事当日

- ●開会式
  - ・実行委員会による開会宣言　　　・校長の言葉　　　・各企画団体の紹介　　　・諸注意
- ●文化祭の公開
  生徒が主体的に組織を作り、文化祭を運営していく。
  - ・各団体の企画の公開　　　・物品の販売　　　・地域の人との交流　　　・校内の案内
  - ・保護者や卒業生の参観　　　・優秀団体の投票　　　・公開時間の管理
- ●後夜祭
  - ・有志団体等のパフォーマンス　　　・実行委員会と生徒会の出し物
- ●閉会式
  - ・投票結果の発表
  - ・校長の講評　　　・実行委員会による文化祭の総括や挨拶、閉会宣言

事後の指導と生徒の活動

- ●ホームルーム活動
  - ○実行委員会の生徒を中心にし、行事を振り返り、今後の学校生活やホームルーム活動、学校行事等で生かせることについて話し合う。
  - ○企画−準備活動−当日の計画や役割分担などの一連の作業を振り返って、グループごとに話し合い、成果や課題を明らかにする。
  - ○課題解決のために、一人一人が何をするとよりよい人間関係を築くことができるか、考えて共有する。
    - 例：「ホームルーム生活をよりよくするための宣言」「私にできること一言カード」等を作成し、教室に掲示する。
- ●実行委員会
  活動全体を振り返り、うまくいった点と改善が必要な点を話し合い、引き継ぐ学校文化や伝統を共有し、来年度に向けた引き継ぎを行う。
- ●次年度に向けた準備
  ホームルーム集団が変わっても、集団活動の中で一人一人の個性を発揮できるよう、チームワークや役割分担、話合いの方法などを振り返り、身に付ける。
- ●行事の経験を日常の学習へつなぐ
  行事が終わった達成感だけでなく、使用した材料を地域の団体へ寄付したり、再利用できる方法を検討したりする。また、生徒の企画から、隠されたテーマを教師が気付かせることで、生徒の豊かな人間性を涵養することにつながる。

ビニール傘の再利用

人生の"選択肢"と"千タクシー"を関連付けている

本実践における評価のポイント

「キャリア・パスポート」や作文等の記述から、生徒同士の価値観等を相互に認め、尊重し合えたかを確認する。
- ・生徒が互いに努力を認めながら協力して、自他のよさを見つけ合い自己の良さを伸ばすことができたか。
- ・目標に向かい協力してやり遂げることにより、責任感を高め、協力の態度を育成することができたか。

異年齢集団のよさを生かす運動会

このような生徒の実態がありませんか

- 運動会の取組が一時的なものとなり、異年齢集団活動のよさを継続させたり、他の活動とつなげたりすることができない。
- 運動会の順位に一喜一憂し、運動会における自分のよさや成長を認識できていない。

このような生徒や学校を目指して

　多様な集団活動に積極的に参加し、他者と協力して課題を解決する資質・能力や学校、地域社会をよりよくしようとする資質・能力を育成することを目指す。そのために、学級・学年の枠を超えた異年齢集団で活動する運動会を絶好の機会と捉え、運動会実行委員会を中心とし、計画段階から学級活動と生徒会活動を効果的に関連させて取り組む。そして、集団における自己の役割を自覚させたり、所属する学級やブロックへの所属感を高めたりする異年齢集団を基本とした取組を通して、自らを律し、互いに尊重し、課題を解決していく資質・能力を育成する。

事前の指導と生徒の活動

- 縦割り組織のブロック分け
  - ・運動会で同じブロックとなる学級を年度当初に決めて「同色学級」とする（例えば、1年2組と、2年3組と、3年1組が運動会の赤組であれば、「赤学級」）。その学級同士で、運動会だけではなく、その事前事後にも様々な活動を共にする（同色の2年生が1年生に学校紹介、同色の3年生が2年生に職場体験活動の成果発表、同色の1・2年生が合唱コンクール前に3年生の合唱を聞きに行く等）。それにより、運動会の活動を活性化させるとともに、運動会の成果を他の活動にもつなげることができ、異年齢集団活動の効果を高めることができる。
- 「運動会実行委員会」
  - ・生徒会役員を中心に「運動会実行委員会」を組織し、実行委員長等の各種役割を決める。
- 全校テーマの決定
  - ・運動会の全校テーマについて、アンケート等を用いてアイディアを募る。その際、運動会実行委員会が学校教育目標を基に、どんな運動会にしたいかという思いを伝えた上でアイディアを募ることで、これまでの他の活動の成果を運動会に生かすとともに、運動会での学びをその後の活動に生かしていこうという意欲につなげることができる。
- 学級活動
  - ・運動会の目標達成のために全校（学級）テーマを検討するとともに、自己テーマを決定する。
  - ・学級旗を作成する。
  - ・運動会に向けての練習期間の終礼で、「運動会学習カード」を活用し、その日の印象に残ったエピソードの記入と、自己テーマについての自己評価を行う。
- 生徒会の協力（運動会実行委員会を組織して、以下の内容に取り組む）
  - ・全校テーマの決定　　　　　・学級テーマの集約　　　　　・運動会運営の役割分担
  - ・実行委員会種目の決定（その年度のテーマに沿ったオリジナル種目を実行委員会主体で決定する。そのことによって、よりテーマに迫った、自分たちで作り上げた運動会となる。例えばある年度では、テーマが「運動が苦手な人も楽しめる運動会」だったので、異学年の3人組がグループとなった、順位をつけない借り物競争が取り入れられた）

行事当日

- ●開会式
  - ・開会の言葉
  - ・実行委員会委員長挨拶
  - ・校長挨拶
  - ・応援や競技上の諸注意
- ●競技や演技
  - ・個人種目　　・応援合戦
  - ・学年種目
  - ・ブロック対抗の大縄跳びや綱引き
  - ・実行委員会種目　など
- ●得点
  - ・事前の取組の得点を含め、各種目のブロック別得点を掲示する。
  - ・応援合戦や行進などの審査員は、保護者や地域の方にもお願いする。
- ●閉会式
  - ・実行委員会委員長挨拶
  - ・講評
  - ・結果発表
  - ・表彰
  - ・感想発表（各学年代表）
- ●ブロック別ミーティング

事後の指導と生徒の活動

振り返り活動

- ・「運動会学習カード」により、個人の振り返り、集団としての振り返りを行う。
- ・運動会の学びを、これからの学習や生活にどのように生かしていくのか意思決定をする。
- ・他学年の同色学級へ向けて、感謝のメッセージを送る。

同色学級（異年齢集団）の交流を継続

- ・運動会後も、異年齢集団の活動を継続させるため、総合的な学習の時間の成果発表をお互いに聞き合ったり、縦割り掃除を行ったりする。
- ・同色学級の交流を、運動会の取組だけの一時的なものにするのではなく、継続させることで、上級生は上級生としての自覚やリーダーシップが育ち、下級生は上級生への尊敬や憧れの気持ちを抱き、今後の自分の成長の見通しをもつことができる。

本実践における評価のポイント

生徒の「運動会学習カード」や、振り返りの学級活動での様子を参考に、教師が以下の内容を見取る。
- ・上級生と下級生が望ましい関係を築き、自分たちの力を高め合うことができたか。
- ・自己の役割を自覚し、学級やブロックへの所属感を高め、よりよい人間関係を築くことができたか。

生徒の自主性を育てる修学旅行

> **このような生徒の実態がありませんか**

- 遠足や修学旅行は現地に行くことが目的化して、日頃の学習活動と体験活動が結び付かない。
- この学校行事の時だけ、ルールや公衆道徳を学ぶ場になってしまう。
- 事前学習と事後学習が十分でなく、物見遊山で終わってしまう。

> **このような生徒や学校を目指して**

　生徒自らが、日常とは異なる生活環境の中で、よりよい人間関係を築くことを目指す。事前・事後の学習を効果的に組み立て、当日の体験的な活動を通して、集団への所属感や連帯感を深める。また、生徒の役割分担や生徒相互の協力、社会生活上のルールを守り、校外の集団生活に必要な行動の仕方を身に付ける。さらに、豊かな自然や文化・社会に親しむことの意義を理解する。

> **事前の指導と生徒の活動**

- 事前の教師の関わりと事前学習

　教師が、この学校行事を通して生徒に何を学んでもらいたいか、どのような生徒を育てたいかを共有し、行事の目的を生徒に示す。この目的から、生徒は集団への所属感や連帯感を深めるよう、目標を立てる。

［事前学習の例］

□班別行動の計画を立て、日頃の学習と関連させた見学地等を調べる。
□集団行動の一員として、班別行動の際の役割の内容を考え、話し合う。
□班別行動の際の見学・学習のテーマを選定し、見学地の学習の目標を立てる。
□前年度の写真やスライドを用いて、理解を深め、知識と関連付けてよりよく理解できるようにする。
□見学地の詳細や地域の歴史などを調べ、班やホームルーム内で共有する。

- 学校行事の系統的配置

　入学時から卒業するまでの学校行事を系統的に配置し、生徒の発達段階や学校・地域の実態に合わせた指導計画を立てることが必要である。行事や活動を通して、生徒の主体性を引き出すために、各学年で身に付けさせたい力を設定しておく。

3年間の旅行・集団宿泊的行事（例）
1年生 ： 校外学習、遠足
2年生 ： 遠足、宿泊研修
3年生 ： 修学旅行

- ホームルーム活動

　○実行委員会の生徒を中心に、行事の目標や、行事の目的に合わせた訪問先について話し合う。

　○集団行動のきまりや約束の遵守（例：時間、公衆道徳、服装、移動方法、集合場所等）について確認する。

　○班別行動班、部屋割り、見学地等の話合いを行う。

- 実行委員会

　○各ホームルームで話し合ってほしいことを決め、話合いの結果を全体の計画へ反映する。

- 学年集会（結団式）

　○教師が行事の目的を示し、生徒自身がこの行事を経験して、ホームルームや学校での生活をよりよくするための目標を立てる。また、生徒が集団行動の際の留意点を確認し、協力を呼び掛ける。教師は、保護者には保護者会や学年通信等で伝える。

（1）活動の開始

- ・集合場所で出発式：　実行委員会が中心となり、行事の目的や諸注意について伝達する。
- ・必要な情報の伝達・確認：　必要な連絡事項を伝え、緊急時の対応や健康状態を確認する。

（2）活動の展開

- ・移動中：　ルールや公衆道徳を理解して行動する。
- ・集団行動：　集団で行動する単位（学年、ホームルーム、班等）を考慮して適切な行動をとる。
- ・旅行先の学習：　アカデミック・インターンシップや、商店街を観て経済活動を学ぶ活動をする。
- ・班別行動：　事前の計画に基づいて、有意義な学習を通してよりよい人間関係を築く。
- （教師は、出発地点・チェックポイント・昼食場所・集合場所等にて安全に活動できるよう指導する）
- ・宿舎：　社会生活上のルールや公衆道徳を理解し、他者へ配慮した行動を身に付ける。

（3）活動のまとめ

- ・集合場所で解散・閉講式：　実行委員会が中心となり、無事の帰着と協力への感謝を伝える。

事後の教師の指導と生徒の活動

● 事後学習の例

□行事の行程全体を通して、集団行動について、自己評価を含めた振り返りを行う。
□行事の行程全体を振り返り、次年度の学校行事に向けて後輩へのアドバイスを考える。
□見学や体験学習のまとめ（文集、レポート、学習新聞等の作成）を行う。
□宿泊先や協力してくれた方へ礼状を作成する。
□次年度に向けた発表（動画の作成、ガイドブックの作成、ポスターセッション形式の発表等）を行う。

● 班別行動の記録

- ○感想を文章で表現し（200字〜300字程度）、文集にまとめる。
- ○班員全員の背景に、見学場所が判明できる背景の写真を撮影し、提出する。
- ○これらの文章や写真・動画等を、次年度の文化祭に活用したり、卒業アルバムや卒業文集に掲載したりする。

● ホームルーム活動

- ○実行委員会の生徒を中心に活動し、行事を振り返り、今後の学校生活やホームルーム活動、学校行事等で生かせることについて話し合う。

本実践における評価のポイント

ワークシートやしおり等の記述や文集等のまとめの記述から、主体的な活動ができたかを確認する。

- ・校外における集団生活において、必要な行動の仕方を身に付けることができたか。
- ・役割分担や生徒相互の協力をすることにより、よりよい人間関係を築くことができたか。

販売実習と関連させた勤労生産・奉仕的行事

このような実態はないか

● 日々の教科・科目の学びの意義を今一つ実感できていない。
● 特別活動が将来の見通しにつながる実感をもつことができていない。
● 振り返りシートや感想文などの成果物等が蓄積されたままになっている。

このような生徒や学校を目指して

　特別活動の各活動の関連を図ることにより、課題解決や目標の設定が次の活動の見通しにつながる工夫ができている。また、日頃学習している教科・科目において横断的・総合的に学んだことが特別活動において実践されることにより、学びの意欲につながる相乗効果をもたらし、学校の活性化につながっている。

実施上の工夫

　毎年繰り返される学校行事の中で、全校生徒が関わる主となる行事を軸に関連性を考えることが重要である。右の図はある商業高校を例とした1年間のサイクルと、そのサイクルを3年間続ける概念図である。商業高校であるため、主となる特別活動を大規模販売実習として、その行事に向けて仲間意識や課題に向かうチャ

レンジ精神などを様々な活動を通じて醸成することを繰り返し行うこととしている。また、販売に係る専門科目の様々知識の学習をすることにより、理論と実践の往還が生じることとなる。さらに、学年を追うごとに専門性が深化することと併せて販売に課せられる店舗経営や売り上げに係る課題は重く大きくなるため、成長とともに学習意欲が増すことをねらいとしている。

事前の指導と生徒の活動

　年間に行われる特別活動の一覧をもとに、成長段階や専門的な学習に合わせて身に付けたい力を設定したり、次の行事の見通しを意識した振り返りを行ったりすることが重要である。また、教科・科目で行われる授業では、特別活動の内容を意識し、行事において想定される場面を題材とした授業を展開したり、関連する話をしたりするいわゆるカリキュラム・マネジメントの視点で行うことが考えられる。例えば、販売実習に関連する他人に伝わりやすい商品説明文やポスター表現方法を国語の時間に取り上げたり、販売利益の分岐点などを商業科目簿記の視点からではなく数学の観点から取り上げたりすることなどが考えられる。その際、教科・科目で行われる授業については、それぞれの目標に沿った内容を逸脱しないよう留意する必要がある。

販売実習

関連したホームルーム活動の例は右に示した表のとおりである。各学年で経験や専門的知識の量などから販売実習への関わり度合いが変わるため、身に付ける力の設定を変えた振り返りシートを作成するなどの工夫をしてホームルーム活動を行っている。

例えば、12月初旬に、販売実習の決算とともに、ルーブリック評価や振り返りシートを活用して、次年度に向け、一連の活動についての振り返りを行う。実施は活動内容が違うため、評価の内容を変える工夫をしている。

〈1年生〉

「知識を活用して解決する力」についての2項目のルーブリック評価、「人と自分にベストな関係をもたらそうとする力」について定量的評価に加えて定性的かつ具体的に何ができたかを問う7項目のルーブリック評価を実施。

自分の活動を振り返って、さらによい販売実習とするために改善できる点は何かをグループで話し合いながら評価する。

他の人からのメッセージを受けて、この取組を通して成長したことや次年度へ向けた活動の目標を書き込む。

〈2・3年生〉

「知識を活用して解決する力」についての6項目のルーブリック評価、「人と自分にベストな関係をもたらそうとする力」について定量的評価に加えて定性的かつ具体的に何ができたかを問う7項目のルーブリック評価を実施。

自分の活動を振り返り、さらによい販売実習とするために改善できる点は何かをグループになり、話し合いながら評価する。

他の人からのメッセージを受けて、この取組を通して成長したことや次年度へ向けた活動の目標を書き込む。3年生は成長した部分のみの書き込みとする。

年間に行われる販売実習に関連した
ホームルーム活動例

時　期	内　　　容
5月中旬	クラスで先輩から概要説明
7月上旬	販売店舗の決定と役割分担
夏休み中	販売店舗ごとに協力企業訪問
9月中旬	全校マナー講習会、販売店舗における仕入れ計画
10月中旬	販売店舗ごとに販売計画、店舗設計の話合い
11月中旬	販売店舗ごとに販売員活動、販売促進活動 販売前日までの1週間は各店舗準備
11月下旬	販売実習当日
12月初旬	販売実習の決算及び一連の振り返り
2月	売上、次年度に向けた反省などを全体発表

Ⅲ　研究の成果と課題（評価の見直し）

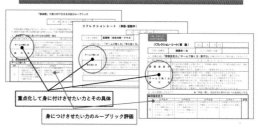

重点化して身に付けさせたい力とその具体

身につけさせたい力のルーブリック評価

事後の指導と生徒の活動

1年間の最後に、取組の報告会を全校生徒に対して実施することにより、客観的に自分たちが行った取組を見ることができる活動を行う。店舗運営の失敗や成功に加えて、日頃の学習が生かされた場面や、日頃の学習の大切さに気付く発表となる指導を行うことが望ましい。

巻末資料

　国立教育政策研究所では、平成30年8月に、「学校文化を創る特別活動（高校編）ホームルーム活動のすすめ」を刊行している。高等学校における話合い活動のポイントを焦点化して解説しており、巻末資料として、合意形成、意思決定の活動過程の具体を示しているページを紹介する。

文部科学省国立教育政策研究所教育課程研究センター
「学校文化を創る特別活動（高校編）ホームルーム活動のすすめ」

ホームルーム活動のすすめ

ホームルーム活動は（1）（2）（3）の3つの内容があり，集団として進める（1）と，個人として進める（2）（3）の2つに分けることができます。

集団として，
合意形成 を進める
自発的，自治的な活動の形態

ホームルーム活動の内容（1）「ホームルームや学校における生活づくりへの参画」や生徒会活動では学校における生活を向上，充実させるために，集団として 合意形成 したり，生徒たちで適切なルールを作ったりするための話合い活動が考えられます。

個人として，
自己の在り方生き方を 意思決定 していく
自主的，実践的な活動の形態

ホームルーム活動の内容（2）「日常の生活や学習への適応と自己の成長及び健康安全」や（3）「一人一人のキャリア形成と自己実現」では，個人としての問題解決に向けた目標や方法などを生徒自身が 意思決定 するための話合い活動が考えられます。

話合い活動の基本的な活動過程（生徒の立場で…）

クラスや生徒一人一人の実態や教師の願いを基にして

問題の発見・確認

事前の活動

- 生徒が学校における生活に関する問題を発見し，提案する。
- 問題意識について共有する。
- 問題を解決するための話合いのテーマである「議題」を決める。
- 話合いの流れや時間配分などについて計画を立てる。
- 話合いに備えて情報収集するなど一人一人が問題意識をもつ。

- （教師が生徒の実態や指導計画から問題に関わる「題材」を示す。）
- 問題について確認する。
- 問題を解決するための話合いのテーマである「題材」について確認する。
- 問題について情報収集するなど一人一人が問題意識をもつ。
- （教師が指導計画を立て，事前調査や資料作成を行う。）

解決方法の話合い

本時（ホームルーム活動）の活動

- 「議題」の提案理由を理解する。
- 問題解決に向けた意見交換をする。

- 問題の状況や原因を把握する。
- 解決方法などについて意見交換をする。

解決方法の決定

多様な意見を生かして 合意形成 する。

問題解決に向けた
目標，方法，内容などを 意思決定 する。

決めたことの実践

事後の活動

- 合意形成したことを基に役割分担し，クラス全員で協力して実践する。

- 意思決定したことを基に実践する。

振り返り

- 活動過程や実践の状況，成果について振り返る。

- 活動過程や実践の状況，成果について，目標を基に振り返る。

次の活動へ

集団生活を送る上では様々な問題が生じます。その中には集団全体で合意形成するだけでは解決されない問題があることを理解しなければなりません。また，高校生の発達に応じた合意形成には以下のような留意点があります。

❶ 課題に対して，一人一人が自分なりの意見や意思をもった上で，合意形成に向けた話合いに臨むようにすること。

❷ 合意形成に基づき実践するに当たって，自分自身に何ができるか，何をするべきかということを主体的に考えて，意思をもつこと。

文化祭のクラス企画を決定しよう！　ホームルーム活動「（1）ウ　学校におけ

こんな 現状が・・・	● 少数の意見が特に賛成も反対もなくクラスの意見となってしまい，実質的な合意形成になっていない。 ● 自発的にホームルーム活動に参加しようとしていない。 ● 活動内容に創意工夫が見られない。

● ・・・生徒の活動　　◆ ・・・教師の指導

STEP 1 　事前学習と生徒の活動

❶ リーダーへの指導

● 全員が主体的にクラスの話合いを進められるようにする。
◆ 生徒が意欲的になれるクラス企画の目標（案）をリーダーと仮決定する。

> 例：　10年後も思い出に残る文化祭 ～全員が主役～

● ホームルーム活動の時間の話合いの進め方を確認する。
◆ 文化祭実行委員などを務める生徒の進行を指導する。

💡point!
学年の始めは教師の
仕掛けやルールの
確認が大切になります。

❷ クラス全員への指導

● クラス企画の目標（案）を全体に伝える。
● アンケート（事前）を実施する。
● ホームルーム活動で話し合うことを確認する。
◆ クラス企画の原案と自分の希望する役割を考えてくる
よう伝える。

● リーダーは改善案があれば交流し，よりよいものに
して本時で再度提案する。
◆ リーダーによる提案に当たり，アンケート結果の活用
などを必要に応じて助言する。

💡point!
どのようなサポートをすれば生徒が話合いの進行を行えるのかは
実態によって違います。生徒の実態を見ながら順序や役割を工夫
する必要があります。

（振り返りを踏まえた）次の活動へ

STEP 4 　振り返り

❶ クラス全員による振り返り

● 目標を基にクラス企画を振り返る。
◆ キャリア・パスポートを活用するなど生徒の自己有用感を高める個別
指導（カウンセリング）を行う。
● 運営や役割分担について自己評価する。
● 来場者の感想やアンケートの結果を提示する。
● アンケート（事後）を実施する。

💡point!
事後の気付きや自己の
変容の自覚を大事にします。

❷ リーダーによる振り返り

● アンケートを基に文化祭の取組の振り返りを行う。
● クラスの成長について共有する。
● よりよいクラスにするための課題を共有する。

💡point!
文化祭での取組を今後の学校生活や学校行事とつなぐという視点が重要です。

集団としての活動形態

💡**point!**
生徒がファシリテーターとして
クラスの話合いを進行できる
ことがポイントです。

STEP 2　ホームルーム活動の手順（2時間実施する場合の例）

❶ ホームルーム活動

①問題の発見・確認 10min	● クラス企画の目標を全体で確認する。 ● アンケート結果を報告する。（知る。）
②解決方法の話合い 35min ③解決方法の決定 5min	● 個人→グループの流れで，クラス企画を決定する。（4〜5人グループ作成） ・グループ内で各自が考えてきた原案を発表する。 ・グループで案を決定し，プレゼン用紙にまとめる。 ・各グループでプレゼンの仕方を決める。 ・次の時間にプレゼンを基にクラス企画を決めることを確認する。

◯班　文化祭クラス企画（案）プレゼン用紙
クラステーマ：10年後もみんなの思い出に残る文化祭！

①私達は，（　展示　・　ステージ発表　・　模擬店　）を提案します！
②タイトルは，「　　　　　　　　」です！
③内容としては，
④イメージとして例えるとしたら，
⑤準備するものは，
⑥役割・担当は，
⑦内容の工夫として，クラステーマに繋がるところは，
　　　　　　　　　　　　　　　　　　　　　です！
⑧特にアピールするところは，
　　　　　　　　　　　　　　　　　　　　　です！
⑨クラス全員が参加できる工夫としては，
　　　　　　　　　　　　　　　　　　　　　です！
皆さん如何でしょうか！ご検討下さい！

❷ ホームルーム活動

①前時の振り返り 5min	● 前時に作成した各グループの企画（案）を確認する。
②解決方法の話合い（クラス企画案）20min	● グループ→クラスの流れで，クラス企画を仮決定する。 ・各グループが企画（案）をプレゼンする。（発表時間：各班2分） ・各グループの企画（案）を比べ合い，仮決定をする。
③新しい解決方法の話合い（改善案）20min	● 仮決定したクラス企画について，一人一人の視点を反映させ改善して最終決定する。 ● 個人→グループの流れで，改善案を話し合う。 ◆ 4〜5人のグループで改善案を話し合い，改善案には役割分担も入れるよう助言する。 ● グループごとに発表し，クラス全体で話し合う。
④解決方法の決定 5min **合意形成**	● クラス企画を修正し，決定する。

💡**point!**
全員参加での合意形成をすることが重要です。
このことでクラス企画が自分事になります。

STEP 3　決めたことの実践（準備→本番）

● 役割分担にしたがって準備・製作する。

本番！　● クラス企画を発表する。

💡**point!**
担任は，生徒が自発的，自治的に
活動できるようサポートします。

💡**point!**
クラス企画実行委員を選出し，実行委員が
各パートのリーダーになると情報共有が
スムーズになります。

科目選択の場で,「夢実現の時間割」を作成しよう!

| こんな現状が… | ● 将来の見通しがもてず,どの科目を選択すべきか迷っている生徒がいる。
● 科目選択が次年度の時間割作成のためだけのものだと捉えている生徒がいる。
● 一面的な理由(「科目の好き嫌い・得意不得意」)で選択する生徒がいる。 |

● … 生徒の活動　　◆ … 教師の指導

STEP 1　事前学習と生徒の活動

❶ 学年職員・科目説明者・担任の準備

・科目選択が高校生活や進路のためだけではなく,人生におけるキャリア形成にもつながることを生徒が意識できるよう計画する。

> **point!**
> 科目説明者は,生徒が科目と社会とのつながりを実感できるような具体例を挙げます。

・生徒の意識を高めるため,科目と社会とのつながりに気付けるよう目標を明示したチェックシートを作成する。
・進路ごとの科目選択例を作成する。
・「❶ホームルーム活動」の際に,生徒からの質問への回答を科目説明者に依頼する。

> **point!**
> 各学校の実態に合わせて,【選択する科目間のつながり】や【科目と社会とのつながり】を示すと効果的です。

❷ クラス全員への指導

● 学年全体を対象とした科目説明会(ガイダンス)での疑問点を記録しておく。
◆ 科目説明会は一人一人の進路や人生に深く関わっていることを助言する。
◆ 科目と社会とのつながりを助言する。

● 次回のホームルーム活動までに,選択科目を決め,その理由も記入する。
◆ ワークシートを活用し,事前に「なぜその科目を学ぶのか」を生徒一人一人が考えるよう助言する。

（振り返りを踏まえた）次の活動へ

STEP 4　振り返り

時機を捉えた振り返り

● 考査終了後など時機を見て,「夢実現の時間割」について振り返り,改善する。
◆ 選択時の思いや,将来への希望を再確認し,個別指導(カウンセリング)を行う。
● どうすれば行動できるか,どのように行動の修正をするかをペアやグループで共有する。

> **point!**
> 適宜振り返りを行うことで,生徒の主体的な進路選択・進路決定につながります。

個人としての
活動形態

STEP2　ホームルーム活動の手順（2時間実施する場合の例）

❶ ホームルーム活動

①問題の発見・確認 10min
- 科目選択が将来への意思決定の場であることをクラスで確認する。
- ◆ 全員が「夢実現の時間割」を作成し、時間割に基づいて具体的な行動実践に移すという見通しをもたせる。
- ◆ 意見を交換し合い、考えを深めるよう助言する。

②解決方法の話合い 30min

point!
悩んでいるのは自分だけではないことに気付かせることが大事です。

- 個人でどの科目を選択するか、理由も含めて考える。（4〜5人グループ作成）
  - ・グループ内でお互いに発表する。
  - ・お互いの選択について意見を交換する。
  - ・科目の疑問点について共有する。
- ◆ どの科目の先生に、何を聞くのかを決めて、担当者を決めさせる。

point!
多面的・多角的な見方に気付かせることも大事です。

③解決方法の決定 10min
- 担当者ごとに、科目の先生に疑問点を聞きに行き、グループ内で共有する。
- 再度、個人で考え、「夢実現の時間割」を手直しする。

❷ ホームルーム活動

①前時の振り返り 5min
②発表 10〜15min
- 前時に手直ししたそれぞれの「夢実現の時間割」を基に発表することを確認する。
- 4〜5人のグループで発表する。

point!
前時と異なるメンバーで話し合うことにより、多様な意見に触れ、自らの考えを深めることができます。

③発表後の話合い 15min
- グループ内でお互いの発表について話し合う。
- ◆ よかった点、自分の意見との共通点や相違点、自分の考えにも取り入れたい点などを視点に話し合うよう指導する。

④解決方法の決定　意思決定 15min
- 選択した科目と自分の将来とのつながりを意識して「夢実現の時間割」を完成する。

STEP3　決めたことの実践

「夢実現の時間割」に基づいた行動実践
- 「夢実現の時間割」で決めたことを意識して、日々の授業や学校生活の中で実践する。

point!
各自の「夢実現の時間割」はファイル等にとじ、常に意識できるようにすると効果的です。

note

［作成協力者］（五十音順、敬称略）
※職名は令和5年3月現在

〔高等学校〕

安藤　勉	川崎市立幸高等学校長
戎井　崇	高知県教育委員会高等学校課指導主事
佐藤　治郎	神奈川県立川和高等学校教諭
二木　信輔	岡山県立玉島商業高等学校長
西村　松太朗	沖縄県立首里高等学校教諭
藤田　晃之	筑波大学人間系教授
峯岸　久枝	東京都立武蔵高等学校主幹教諭
目谷　信靖	北海道北広島高等学校長
望月　由起	日本大学文理学部教育学科教授

〔中学校〕

安斎　陽子	川崎市教育委員会事務局教育政策室担当課長
伊藤　淳一	島根県松江市立東出雲中学校教諭
京免　徹雄	筑波大学人間系助教
上妻　恵美	鹿児島県奄美市立小宿中学校教諭
佐藤　学	足立区教育委員会教育指導部学力定着推進課指導主事
中野　敏伸	津久見市立第一中学校長
長沼　豊	茂来学園大日向中学校校長
前田　浩	東京都世田谷区立世田谷中学校統括校長
三羽　達也	横浜市立蒔田中学校教諭
山口　卓也	福島県棚倉町立棚倉中学校教諭

［本書作成編集担当者］
※職名は令和5年3月現在

国立教育政策研究所においては、次の者が本資料の作成・編集を担当した。

長田　徹	教育課程研究センター教育課程調査官
	生徒指導・進路指導研究センター総括研究官
	生徒指導・進路指導研究センターキャリア教育総括研究官
	文部科学省初等中等教育局教育課程課教科調査官
	文部科学省初等中等教育局児童生徒課生徒指導調査官

このほか、本資料編集の全般にわたり、国立教育政策研究所においては次の者が担当した。

大金　伸光	教育課程研究センター長（令和4年9月1日から）
鈴木　敏之	教育課程研究センター長（令和4年8月31日まで）
村山　嘉審	教育課程研究センター研究開発部研究開発課長
上地　貴之	教育課程研究センター研究開発部研究開発課指導係長
寺澤　潤	教育課程研究センター研究開発部研究開発課指導係

装丁／長谷川 理（phontage guild）
本文デザイン・DTP／株式会社明昌堂
編集協力／末広裕美子
編集／金井亜由美（東京書籍）

学校文化を創る特別活動　中学校・高等学校編

2023年6月27日　第1刷発行
著者　　文部科学省　国立教育政策研究所　教育課程研究センター
発行者　渡辺能理夫
発行所　東京書籍株式会社
　　　　〒114-8524　東京都北区堀船2-17-1
　　　　電話　営業　03-5390-7531
　　　　　　　編集　03-5390-7512
　　　　https://www.tokyo-shoseki.co.jp

印刷・製本　株式会社リーブルテック